MAGNÉTISEURS

ET

MÉDECINS

par

Joseph DELBOEUF
Professeur à l'Université de Liège
MEMBRE DE L'ACADEMIE ROYALE DE BELGIQUE
(1890)

Buenos Books International
Paris

MAGNÉTISEURS
ET
MÉDECINS
Ce livre a été publié pour la première fois en 1890, à Paris
par l'ANCIENNE LIBRAIRIE GERMER BAILLIÈRE
ET Cie et FÉLIX ALCAN, ÉDITEUR
Nouvelle édition réalisée par:
Buenos Books International, Paris
www.buenosbooks.fr

ISBN: 978-1495317132

PREMIÈRE PARTIE
AVANT LE CONGRÈS

Comment il se fait que j'ai pris parti dans la question de la liberté des représentations publiques d'hypnotisme.

Le 4 juin 1887, je fis à la Classe des Sciences de l'Académie royale de Belgique une lecture sur *l'Origine des effets curatifs de l'hypnotisme*[1].

C'est dans cet opuscule que je rapporte, entre autres, une des expériences les plus importantes que l'on ait faites dans cet ordre d'idées. Un de mes sujets avait consenti à se laisser faire aux deux bras deux brûlures égales et symétriques. L'une fut abandonnée à elle-même; l'autre, si je puis ainsi parler, fut suggestionnée. Celle-ci ne présenta aucun phénomène inflammatoire et sécha presque dès sa formation; celle-là suivit le cours ordinaire. L'expérience avait été ensuite répétée dans des conditions absolument scientifiques, par mon collègue, M. Von Winiwarter, le savant chirurgien si connu du monde médical.

Ma lecture souleva dans la Classe un certain émoi, suivi d'un débat. Des confrères craignirent de déshonorer les Bulletins en y insérant ma communication. L'*Indépendance* du 21 juin hésitait à reproduire le résumé qui en avait paru au *Moniteur*. "Il ne faut pas moins, écrit-elle, que ces deux cautions (l'*Académie* et le *Moniteur*) pour nous déterminer à reproduire ce résumé extraordinaire; on croit rêver! ..."

La *Revue Médicale Belge* —c'est le titre d'un journal, mais on peut l'entendre comme nom commun—

---

[1]La brochure, tirée malheureusement à un petit nombre d'exemplaires, et publiée chez F. Alcan, fut promptement épuisée.

consacra à mon travail un long article (10 août 1887), qui fit le tour des journaux spéciaux de la Belgique, et où M. Delboeuf —qui n'est pas médecin!— est joliment arrangé. Il observe mal, il raisonne mal, il expérimente mal, et ses explications sont *"malheureuses"*. Pour le rédacteur, il est clair que "l'hypnotisme paraît plutôt intervenir en suspendant le travail des couches corticales du cerveau soit par fatigue, soit par anémie, et en transformant l'individu en une espèce de machine automatique, en un être essentiellement réflexe". Cette explication a le mérite de pouvoir servir aussi à montrer pourquoi la fille de Géronte était muette: "C'est que le travail des couches corticales étant suspendu, Lucinde était transformée en un être essentiellement privé de la parole."

L'auteur concluait en ces termes: "De tout cela, il résulte que le domaine de l'hypnotisme est encore bien mal délimité et des plus obscurs. L'*avenir* .... nous réserve, *peut-être*, en lui un moyen thérapeutique digne d'être employé; mais, avant de se prononcer en toute lumière (?), il *conviendra* de refaire les expériences, de les étudier avec le plus grand soin et de les soumettre à une critique sévère et scientifique. Ce sera surtout aux neuro-pathologistes et aux physiologistes qu'*incombera* (le lecteur voudra bien remarquer ces futurs) cette tâche." Quant *aux fiers Sicambres* (c'était ainsi que j'avais appelé les médecins), "le temps n'était guère proche où ils adoreraient ce que jusque-là ils avaient brûlé".

Prophétie téméraire! Trois mois après, M. le Dr Thiriar, agrégé à l'Université de Bruxelles et représentant, réclamait pour lui et ses confrères le monopole de l'hypnotisme. Lui non plus ne croyait pas d'abord au magnétisme et à ses effets; mais il revenait de Nancy et de Paris, et, ma foi, il avait vu là des choses qui avaient vaincu son scepticisme.

Le Ministre de la justice, M. Lejeune, répondant à M. Thiriar, se retrancha dans son incompétence et, par un *lapsus linguae* très excusable dans la circonstance, confondant l'Académie des Sciences où j'avais soulevé la question de l'hypnotisme, avec l'Académie de Médecine qui en ignorait l'existence, dit que celle-ci s'en était occupée. Il n'en fallut pas davantage pour que ce corps se considérât comme saisi de l'affaire. Il nomma une Commission chargée de lui présenter un rapport sur le danger des représentations publiques d'hypnotisme.

Pendant que la Commission travaillait à ce rapport, je publiai dans le *Journal de Liège*, des Lettres[2] où je réfutai point par point le discours de M. Thiriar, montrant le peu de fondement des faits allégués, et l'inanité des craintes formulées. Le rapport de M. Masoin, professeur à l'Université de Louvain, parut sur ces entrefaites, et je le soumis à la même critique minutieuse.

Les savants de Nancy, MM. Liébeault, Bernheim et Liégeois, prirent intérêt au débat, et m'écrivirent des lettres —que je publiai— où ils soutenaient ma thèse. Cette thèse est bien simple: il ne faut pas, sans motif grave, mettre l'individu ni la société en tutelle; rien de dangereux comme de porter atteinte à la liberté; contre les abus il faut recourir, autant que possible, à la loi répressive plutôt qu'à la loi préventive.

Mais cette thèse est surtout en harmonie avec le caractère de l'enseignement en Belgique.

On ne se doute guère, en France, que, dans le fait, la loi de 1876 sur l'enseignement a proclamé la liberté des professions. Pour être médecin, il suffit d'obtenir son diplôme d'une université de l'Etat ou d'une université libre. Fonde une université libre qui veut —y donne l'enseignement qui on veut et comme on le veut— les examens s'y passent comme on veut; et pourvu que les diplômes mentionnent que le docteur a été interrogé sur

---

[2] Depuis publiées à part sous le titre de *l'Hypnotisme et la liberté des représentations publiques*; lettres à M. le professeur Thiriar, représentant (in-8°, 111 pages). Liège, Desoer, 1888.

les matières déterminées par la loi, l'Etat les entérine, sans qu'il ait le droit de s'assurer que l'interrogatoire a été sérieux, ni même que ces matières ont été enseignées.

Aussi, depuis cette loi, la prospérité des universités libres ne connaît plus de limite; et l'université libre catholique de Louvain crée à elle seule plus de médecins que les trois autres ensemble, à savoir, l'université libre de Bruxelles et les universités gouvernementales de Liège et de Gand. Presque tous les médecins de l'armée et ceux des pays flamands viennent de Louvain —et dans un village, le médecin est une puissance politique.— Et pourtant comment la médecine peut-elle être enseignée dans une petite ville où il est déjà arrivé que, pendant toute une semaine, on manquât de cadavres, où les laboratoires font défaut, où les hôpitaux sont insuffisants? C'est pourquoi le gouvernement catholique actuel cherche encore à réduire les semblants de garantie qu'exigeait la loi de 1876, et propose de supprimer, en fait, l'obligation, pour le futur docteur, de suivre une clinique.

Si, dans mes *Lettres sur l'hypnotisme*, je demande pour chacun la faculté de pratiquer l'hypnotisme sous sa responsabilité, c'est, entre autres raisons, parce que le diplôme médical, dans les conditions où on peut *chez nous* l'obtenir, est illusoire et que les menaces de la loi répressive fournissent au public plus de garanties. Aussi j'avais édité ces Lettres à Liège, et n'avais nullement songé à les répandre en France. Elles n'ont été mises en dépôt chez aucun libraire de Paris.

La Revue de l'hypnotisme intervient dans le débat qui se poursuit en Belgique.

J'en avais toutefois envoyé des exemplaires à mes correspondants et, naturellement, à M. Bérillon, directeur de la *Revue de l'hypnotisme.*

C'est en janvier que l'Académie de Médecine de Belgique avait été saisie de la question de la réglementation de l'hypnotisme, et c'est en mai seulement que la *Revue de l'hypnotisme* se mit à pousser vigoureusement sa campagne contre les magnétiseurs publics. Elle débuta par la reproduction de la fin du rapport de M. Masoin, et elle continua en reproduisant *in extenso* ou avec de longs développements tous les discours favorables à sa thèse, entre autres, celui d'un M. Guermonprez de Lille, aussi vide de faits que d'idées, et en réduisant à quelques lignes tous les autres. Ainsi l'exige l'impartialité de la science. Mais de plus, dans le n° de juin, M. le directeur lui-même, à ma grande stupéfaction, publia contre moi un article de fond à la première page. Voici cet article:

LES REPRÉSENTATIONS PUBLIQUES D'HYPNOTISME.

Dans sa séance du 28 janvier dernier, l'Académie de Médecine de Belgique ayant été saisie par son honorable secrétaire général, M. Rommelaere, d'une proposition tendant à conseiller au gouvernement belge l'interdiction des séances publiques d'hypnotisme, une importante discussion s'est ouverte à ce sujet dans le sein de cette assemblée.

Avant de se prononcer, nos confrères de Belgique ont pensé avec raison, qu'il convenait de reprendre complètement l'étude de l'hypnotisme scientifique.

Plusieurs membres de l'Académie ont fait, avec un remarquable talent d'exposition et avec une compétence indiscutable, l'analyse des travaux accomplis dans ces dernières années par les écoles de Paris et de Nancy. En général, ils ont exprimé, dans leurs conclusions, l'avis que la pratique de l'hypnotisme ne devait pas être laissée entre les mains du premier venu.

Un ou deux orateurs ont tenté de défendre la cause des représentations publiques d'hypnotisme: il faut reconnaître qu'ils n'ont pas fourni d'arguments dignes d'être pris en considération.

Au contraire, en dehors de l'Académie, les magnétiseurs ambulants ont trouvé, dans M. Delboeuf, professeur à l'Université de Liège, un ardent défenseur. Nous avons lu avec le plus grand intérêt le plaidoyer dans lequel il reproche à M. le professeur Thiriar d'avoir pris, à la Chambre des députés de Belgique, l'initiative de la demande d'interdiction des séances publiques d'hypnotisme.

Malgré l'estime que nous inspire le talent de notre éminent collaborateur, nous avons le devoir de protester contre deux des principales allégations contenues dans sa brochure.

Nous ne pouvons être de son avis lorsqu'il affirme que les pratiques des magnétiseurs n'ont jamais déterminé d'accidents sérieux.

Depuis deux ans que nous avons l'honneur de diriger la *Revue de l'hypnotisme*, nous avons enregistré un assez grand nombre de faits qui prouvent l'action néfaste exercée dans maintes localités par le passage de certains magnétiseurs.

Le premier, M. Ladame a fait, dans son livre sur la *Névrose hypnotique*, un exposé frappant du sans-gêne avec lequel les magnétiseurs se jouent de la santé de leurs sujets. Depuis, M. le professeur, Charcot a signalé l'apparition, dans un chef-lieu de département français,

8

d'une sorte de *manie hypnotique active* qui pénétra jusque dans le collège de la ville. En particulier, un jeune élève, hypnotisé par ses camarades, fut atteint d'une série de troubles nerveux qui l'amenèrent à la Salpêtrière. M. Pitres (de Bordeaux) et M. Andrieu (d'Amiens) ont observé des jeunes gens chez lesquels les pratiques de magnétiseurs ambulants et de saltimbanques avaient déterminé l'éclosion de graves accidents.

Enfin, récemment, nous recevions de M. Briant, médecin en chef de l'asile de Villejuif, l'observation d'un cas de délire mélancolique consécutif à des pratiques d'hypnotisme tentées par un magnétiseur.

Nous avons eu nous-même l'occasion d'enregistrer un certain nombre d'accidents analogues dus à des tentatives d'hypnotisme faites par des empiriques dans un but d'amusement ou de curiosité.

Nous ne saurions souscrire davantage à l'opinion émise par M. Delboeuf lorsqu'il prétend que c'est aux magnétiseurs que les médecins doivent ce qu'ils savent en matière d'hypnotisme.

Nous avons assisté aux séances données par les "plus célèbres" magnétiseurs de ce temps. Chez presque tous, nous avons constaté une ignorance complète des faits physiologiques les plus élémentaires. Uniquement préoccupés du désir d'amuser ou de distraire le public, ils ne s'appliquaient qu'à produire des phénomènes ayant une apparence de merveilleux, sans se soucier des conséquences que leurs manoeuvres pouvaient avoir sur l'état mental de leurs sujets. Quelques-uns faisaient preuve d'une brutalité inouïe. Tous, pour rehausser leur prestige, s'efforçaient de propager la croyance qu'ils étaient détenteurs d'un fluide spécial et magique ou d'une force fascinatrice surnaturelle, dont les autres mortels seraient à peu près dépourvus.

En résumé, l'opinion des personnes instruites qui sortaient de ces représentations était qu'elles venaient d'assister à des scènes de compérage ou à un spectacle malsain.

Aussi nous pensons que, loin d'avoir fait acte de vulgarisation utile, les magnétiseurs ont retardé le mouvement scientifique. Ils ont inspiré aux hommes sérieux le désir de n'avoir rien de commun avec ceux qui, sous; prétexte de science, se livrent à des exhibitions théâtrales. Ils ont suscité dans les esprits plus de scepticisme que de confiance à l'égard des phénomènes qu'ils provoquaient.

Qu'on ne vienne pas nous dire que ces commis-voyageurs ignorants et déclassés ont inspiré à M. Liébeault ses remarquables études psychologiques sur le sommeil naturel ou provoqué.

C'est se moquer agréablement du monde que de prétendre que ces entrepreneurs de spectacles ont guidé MM. Charcot, Dumontpallier, Mesnet, Bernheim, et tant d'autres médecins éminents dans leurs études cliniques sur l'hystérie, l'hypnotisme et le somnambulisme.

Ce qui est vrai, c'est qu'une seule des leçons de M. Charcot a plus fait pour intéresser le monde scientifique à la cause de l'hypnotisme que cent mille séances données par les magnétiseurs.

En nous joignant à ceux qui demandent l'interdiction des séances publiques d'hypnotisme, nous n'avons pas l'intention de limiter le droit des penseurs qui veulent poursuivre des expériences de psychologie.

Les philosophes et les médecins psychologues pourront à leur aise, sous leur responsabilité, continuer leurs études dans leur cabinet de travail. Il ne leur viendrait d'ailleurs jamais à l'esprit l'idée d'aller expérimenter sur les tréteaux d'une salle de théâtre.

Quant à ce qui est de l'hypnotisme envisagé au point de vue thérapeutique, nous nous rallions à la formule de M. Ladame, d'ores et déjà acceptée, en France, par tous les esprits sérieux:

"La pratique de l'hypnotisme appartient complètement à l'art de la médecine et doit être soumise aux lois et règlements qui s'appliquent à l'exercice de cet art."

Dr EDGAR BERILLON

J'ai la faiblesse de croire que si, dans le feu de la polémique, on est excusable de se laisser aller à certaines vivacités de langage, on ne l'est pas de ne pas opposer argument à argument, preuve à preuve, expérience à expérience. Aussi j'écrivis immédiatement à M. Bérillon, avec prière de vouloir bien l'insérer dans sa plus prochaine livraison, la lettre suivante:

Liège, le 15 juin 1888.

Mon cher Directeur,

Dans le n° de juin de la *Revue de l'hypnotisme*, vous me faites l'honneur de vous occuper de ma brochure sur *l'Hypnotisme et la liberté des représentations publiques*. Plus d'un de vos lecteurs aura sans doute éprouvé comme moi le regret que vous combattiez ma thèse, sans rappeler au moins brièvement les arguments sur lesquels je l'appuie. Vous reproduisez *in extenso* l'attaque et vous faites ressortir avec complaisance "le remarquable talent d'exposition et la compétence indiscutable" des académiciens belges qui veulent interdire l'hypnotisme; mais de ceux qui ont tenté de défendre la cause de la liberté, vous vous bornez à dire: "il faut bien reconnaître qu'ils n'ont pas fourni d'arguments dignes d'être pris en considération." En serait-il vraiment ainsi, ou bien la force de votre conviction aurait-elle ici joué un mauvais tour à votre impartialité?

Et d'abord je nie formellement la compétence des membres de la Commission chargée par l'Académie de Médecine de Belgique de faire rapport sur la question de l'interdiction des séances publiques d'hypnotisme. Ils sont

11

cinq: MM. Masoin, Crocq, Boddaert, Héger et Semal. Je défie n'importe qui de citer d'eux une seule ligne concernant l'hypnotisme. Un de ces commissaires est allé à Nancy pour la première fois la semaine dernière. Un autre a vu son premier hypnotisé chez moi; le rapporteur —il le dit lui-même— s'est mis tout récemment à lire en hâte quelques ouvrages pour faire son travail, que vous publiez. Mais il est un académicien, M. le professeur Nuel, qui a pratiqué et vu pratiquer scientifiquement l'hypnotisme; je le sais de science certaine. Il a combattu les conclusions de la Commission. Son discours vient d'être imprimé. Vous le publierez aussi sans doute, le devoir d'une *Revue* aussi spéciale que la vôtre étant de fournir à ses lecteurs, en leur donnant le pour et le contre, le moyen de se faire eux-mêmes une opinion[3]:

Mais passons. Parce que je plaide pour la liberté, vous faites de moi le "défenseur des magnétiseurs ambulants". Vous oubliez que je ne suis pas seul à soutenir leur cause. N'ai-je pas avec moi MM. Liébeault et Bernheim en France; et Morselli en Italie qui ont, à coup sûr, "une compétence indiscutable?" Est-ce que dernièrement, quand Léon est allé à Nancy et que le maire a voulu interdire ses représentations, les deux premiers et M. Liégeois ne sont pas intervenus pour le protéger, et cela victorieusement?

"Magnétiseurs ambulants! saltimbanques!" C'est bientôt dit. Mais qu'est-ce que cela prouve? Ne vaudrait-il pas mieux croire M. Liégeois qui, dans son *Mémoire* juridique sur le somnambulisme, dit d'un de ces magnétiseurs ambulants, M. Hansen, qu'il l'a reconnu "homme de bonne foi entière et de parfaite honnêteté, ne prononçant pas un seul mot qui, de près ou de loin, pût être taxé de charlatanisme" et qu'il en a reçu des leçons "données avec la meilleure grâce du monde?"

---

[3] Inutile d'ajouter qu'il n'a pas été inséré.

Avant la publication de mes *Lettres*, je n'avais été en relation qu'avec M. Canivez, connu sous le nom de Léon. Je puis vous assurer —et M. Liégeois que j'ai vu depuis, parlait comme moi— que jamais je n'ai vu homme moins charlatan que lui, plus serviable, plus modeste, et ayant des idées plus précises et plus positives sur le magnétisme. J'ai dit dans mes *Lettres* et je répète que bien des gens, qui passent ou veulent se donner pour "compétents" en cette matière, pourront retirer beaucoup de fruit d'une heure de conversation avec lui.

Depuis la publication de mes *Lettres* en brochure, j'ai vu une fois Donato dans une séance intime. Je n'ai trouvé chez lui que le sentiment *bien légitime* de sa force. Il fait de la réclame, j'en conviens. Mais s'il fallait jeter la pierre à tous ceux qui font de la réclame pour vivre, dites-moi donc qui ne risquerait pas d'être lapidé, depuis les directeurs des grands et des petits magasins jusqu'aux inventeurs de toutes sortes, depuis les dentistes jusqu'aux littérateurs? N'a-t-on pas même vu dernièrement toute la presse conviée par un savant docteur en magnétisme à des représentations, dont la *Revue* a rendu compte, et telles qu'on n'en a jamais vu sur "les tréteaux" de Donato?[4]

J'ai, dites-vous, émis l'opinion que les médecins doivent aux magnétiseurs de profession ce qu'ils savent en fait d'hypnotisme. J'ai fait plus qu'émettre une opinion: j'ai établi par l'histoire que c'est là une vérité, et cette vérité est reconnue par MM. Bernheim, Liébeault et Morselli — je ne nomme que ceux qui prennent la parole dans mon ouvrage. — Mais je n'ai dit nulle part, comme vous avez l'air de me le faire dire, que ces "commis-voyageurs ignorants et déclassés (vous êtes bien dur pour eux alors que vous avez été si indulgent pour d'autres) ont inspiré à M. Liébeault ses remarquables études psychologiques sur le sommeil naturel ou provoqué". Quelle nécessité de ne

---

[4] Il s'agit des expériences de M. le Dr Luys sur l'action des médicaments à distance.

mettre en avant que le nom de M. Liébeault, lorsque j'ai parlé de Braid, de M. Heidenhain, des médecins suisses, y compris M. Ladame, des médecins italiens, auxquels même on pourrait ajouter peut-être MM. Beaunis et Bernheim, comme on doit y ajouter M. Liégeois?

Quant à M. Liébeault, il ne doit rien à ces "commis-voyageurs". Tout le monde sait cela. Mais jusqu'en 1883, il n'a pas vendu dix exemplaires de ses "remarquables études parues" en 1866, et que depuis quelque temps, on se plait à citer avec éloge, sans les avoir lues toujours (les avez-vous lues?). Et jusque hier encore, pour ainsi dire, ses assertions —je reproduis les paroles de M. Bernheim dans la préface de son livre *sur la suggestion*— n'ont trouvé que des incrédules, et les médecins ont rejeté ses pratiques sans plus ample examen" faisant à leur confrère la réputation d'un illuminé, pour ne pas dire pis.

On fait grand état des dangers du magnétisme. Vous-même, à la liste vague de ses méfaits, véritable, cortège d'opéra, vous ajoutez quelques cas. Mais j'ai demandé, dans ma brochure, qu'on citât un accident notable, un seul, arrivé à Donato, à Léon, ou à Hansen, et ce défi est resté sans réponse à notre Académie de Médecine. De plus —je regrette que vous ne l'ayez pas dit— j'ai réduit à néant les allégations —les seules qui eussent un caractère sérieux— de M. Lombroso contre Donato. Elles ont fait le tour de l'Europe, et j'ai démontré, documents en mains, qu'elles sont fausses et, qui plus est, inventées. Or, elles reparaissent de nouveau dans le discours que M. Guermonprez a prononcé à l'Académie de Belgique, et que vous reproduisez dans le n° de juillet. Laissez-moi ajouter que, si l'on faisait le compte des accidents vrais ou supposés dus aux magnétiseurs ambulants d'une part, et aux médecins amateurs et inexpérimentés d'autre part, la comparaison serait loin encore d'être à l'avantage de ces derniers.

14

Ne l'avez-vous pas dit vous-même? Je lis dans votre *Revue* (n° de mars, p. 281): "On ne s'improvise pas plus médecin hypnotiseur qu'on ne s'improvise oculiste. Nous avons pu nous assurer que *la plupart* de ceux qui n'ont eu à enregistrer que des accidents ou des insuccès (M. Charcot se range modestement parmi ceux qui comptent sinon des accidents, du moins beaucoup d'insuccès, voir même page, quelques lignes plus haut), le doivent uniquement à *leur défaut de méthode, à leur inexpérience et à leur incompétence.* Entre les mains d'un maladroit, d'un brutal ou d'un ignorant, il est naturel que l'hypnotisme devienne aussi dangereux que peuvent l'être la digitale et l'opium entre les mains d'un empirique."

Entre des mains expérimentées, le magnétisme ne présente aucun danger, et même, manié par des maladroits, il en offre moins que le chloroforme et le bistouri, la morphine ou le nitrate d'argent; car je ne sache pas qu'il ait jamais causé mort d'homme. Mais j'admets qu'il en présente. Deux conclusions seules sont logiques et légitimes: c'est de rendre responsable l'auteur des accidents, quel qu'il soit —c'est ma thèse à moi et celle de beaucoup d'autres— ou bien, si l'on veut monopoliser l'hypnotisme, de n'en autoriser l'emploi que par des magnétiseurs patentés, après examen. Celui-là aura son brevet qui, sur 100 malades, comme dit M. Bernheim, saura en hypnotiser 80. Mettons 50 pour être large. Nous verrons combien il y aura de diplômés.

Pauvres magnétiseurs ambulants! Il en est jusqu'à trois que l'on pourrait nommer! et presque tous les médecins se liguent contre ces trois! Pourtant je défie n'importe quel académicien de Belgique ou autres lieux de faire ce que Donato fait sur "ses tréteaux".

Quant à la conclusion que vous attribuez à M. le docteur Ladame et que vous adoptez, bien qu'elle soit en contradiction avec votre opinion rapportée plus haut, à savoir que "la pratique de l'hypnotisme appartient complètement à l'art de la médecine", elle a été émise pour la première fois en 1665 par quelqu'un qui s'appelait M. Josse.

Pour moi, je défends la liberté et rien que la liberté. J'ai dû prendre en main la cause des "magnétiseurs ambulants" puisque les "docteurs patentés" les attaquaient. Je suis ennemi de tout privilège, de tout monopole. J'appartiens à un petit pays qui a mis en pratique toutes les libertés . Je verrais avec peine, avec terreur, porter atteinte à l'une d'entre elles.

Vous savez peut-être, mais beaucoup de vos lecteurs ignorent à coup sûr qu'en Belgique, le diplôme médical, qui donne le droit d'exercer l'art de guérir, ne présente qu'une garantie morale. Les particuliers peuvent créer des universités, et ces universités ont le droit de conférer des diplômes au même titre que les universités de l'Etat. Le gouvernement n'a rien à voir dans la nomination des professeurs de ces universités. Une faculté de médecine peut se composer des premiers venus; ceux-ci peuvent faire ou ne pas faire leurs cours; ils président aux examens sans que l'Etat intervienne en quoi que ce soit. Après quoi, les diplômes ainsi délivrés, sont entérinés par lui, pourvu que la formule en soit conforme à la loi. Et voilà jetés dans la vie et au milieu des malades des docteurs qui ont tous les droits énumérés par Molière.

C'est là de la liberté ou je ne m'y entends pas. Et, avec cela, il serait défendu à un magnétiseur ambulant de donner des spectacles publics d'hypnotisme sous sa responsabilité! Avouez que ce serait le comble de l'absurde.

Je suis certain que, soucieux comme vous l'êtes des intérêts de la vérité, vous ne refuserez pas à votre collaborateur l'insertion de ces lignes. Je vous en remercie à l'avance et vous prie d'agréer, mon cher directeur, l'assurance de mes sentiments tout dévoués.

J. DELBOEUF.

La Revue me refuse l'insertion de cette lettre.
Correspondance à ce sujet.

Cette lettre n'ayant pas paru dans la livraison de juillet, j'écrivis le 16 juillet à M. Bérillon la lettre suivante:
Mon cher Directeur,

Je vous ai adressé vers la mi-juin une lettre en réponse à un article de vous qui me concernait. Au commencement du présent mois, je vous ai rappelé cette lettre, vous priant de m'en faire parvenir l'épreuve le plus tôt possible. Nous voici dans la seconde moitié de juillet, et je n'ai reçu ni épreuve, ni même un simple accusé de réception. Dans l'article en question, vous voulez bien m'appeler votre "éminent collaborateur" mais votre silence me fait craindre que, sur certains sujets, ma collaboration ne soit pas estimée bien haut. A moins que la cause, à la défense de laquelle la *Revue* consacre aujourd'hui presque toutes ses feuilles, ne vous paraisse de nature à être compromise par deux pages de contradiction. Je viens vous demander de me faire connaître, par retour du courrier, vos intentions, pour que, si vous me refusiez l'insertion de cette lettre, —ce que je ne puis encore admettre— j'avise à ce que j'aurai à faire.

Agréez, etc.

Le 18 juillet, M. Bérillon me renvoya mon manuscrit avec une longue lettre très aimable. Il y disait que le succès de la revue qu'il dirigeait "tenait surtout à ce qu'elle s'était formellement interdit toute compromission avec les magnétiseurs ambulants. C'était grâce à des efforts considérables qu'elle avait peu à peu intéressé le public à la cause de l'hypnotisme, et, si des défiances persistaient encore, c'était que *les magnétiseurs propageaient des idées inacceptables.* Il connaissait Donato, homme charmant et aimable; *mais il lui refusait toute autorité scientifique*, d'autant plus qu'il ne dit pas *en public* ce qu'il dit dans des conversations particulières. Si l'on insérait dans la *Revue* ce que j'écrivais sur Donato, je serais exposé à voir *découper le passage* et à le voir imprimé sur *des affiches et des prospectus*[5]. Cela pouvait m'être indifférent à moi, mais lui, M. Bérillon, serait désolé pour sa part que la *Revue* ait pour *but* (?) une réclame aussi bonne. Il terminait en me priant de ne pas lui en vouloir de ne pas insérer ma lettre, etc."

Cette lettre était curieuse à plus d'un titre. Elle décelait des préoccupations extra-scientifiques. car la vérité —d'où qu'elle vienne— reste la vérité. La *Revue* n'avait pas toujours été dans ces sentiments. Voici ce qu'elle publiait sur Donato, dans sa livraison du 1er janvier 1887, sous la signature de M. le docteur Léon Tétard:

Depuis un mois les conférences de M. Donato attirent, tous les mardis, un public considérable à la salle des Capucines. La *Revue de l'hypnotisme* avait le devoir de confier à un de ses collaborateurs le soin de vérifier l'exactitude des faits annoncés. Aussi avons-nous accepté avec empressement la mission d'aller, sans parti pris, contrôler les expériences et les dires du magnétiseur dont tout le monde a entendu parler.

Nous avions déjà assisté à une de ses séances publiques, à Reims, en 1875. Alors, le magnétiseur se bornait à expérimenter sur des sujets à lui ou sur des personnes de bonne volonté, sans entrer dans l'explication des phénomènes produits.

Actuellement il a changé de manière et nous l'avons entendu faire l'exposé des progrès réalisés depuis quelques années par les médecins qui se sont occupés

---

[5] Il me semble avoir vu à Paris, je ne sais plus où, des affiches de médecins, directeurs de revues, se recommandant d'elles pour l'hypnotisme. Pourquoi le magnétiseur Donato ne pourrait-il pas se recommander de quelques lignes tirées d'une revue qui ne serait pas la sienne?

d'hypnotisme. Mettant à profit les travaux publiés par l'Ecole de Paris et par celle de Nancy, il a fait une conférence dans laquelle nous n'avons rien pu relever qui pût choquer nos convictions scientifiques. Un certain nombre de médecins, d'une compétence reconnue, se trouvaient dans la salle: ils ont dû reconnaître comme nous que le conférencier faisait preuve, sur un grand nombre de points, d'une réserve dont il faut lui savoir gré.

Comme il s'était mis à la disposition du public pour répondre à toutes les questions qui lui seraient posées, un certain nombre de personnes l'ont interrogé. Dans ses réponses il a su faire preuve à la fois de beaucoup de compétence et d'un grand esprit d'à-propos.

On a commencé par lui demander quelle différence il faisait, entre l'hypnotisme et le magnétisme:
—Au point de vue pratique il n'y en a pas, a-t-il répondu. Il n'y en a qu'au point de vue théorique: les uns, comme Mesmer, admettent l'existence d'un fluide mystérieux qu'ils ont appelé: électricité animale, fluide vital, magnétisme animal, etc., et j'avoue que pour moi je ne crois pas aux théories fluidiques.

Un autre assistant demande ce que le conférencier pense de la polarité humaine:
—J'ai, réplique M. Donato, fait environ *vingt mille* expériences de magnétisme; —j'ai cherché dans ces derniers temps à constater chez l'homme l'existence de pôles analogues à ceux que l'on rencontre dans les aimants naturels, et, je suis obligé d'avouer que, je n'ai rien rencontré de semblable.

—Croyez-vous, dit un autre spectateur, à la suggestion mentale et à la transmission de la pensée?

M. Donato répond que rien dans les expériences si variées qu'il a tentées, ne lui permet d'accepter pour le moment l'opinion que la pensée puisse se transmettre d'un cerveau à un autre, sans moyen physique, matériel. Au contraire, il croit à la toute-puissance de la suggestion

19

verbale, ou par geste, si bien étudiée par le professeur Bernheim et pratiquée depuis vingt ans par le docteur Liébeault, de Nancy.

Selon lui, la presque totalité des phénomènes d'hypnotisme sont du domaine de la suggestion. Il pense qu'à la suggestion s'ajoute une influence personnelle qui résulte de la compétence, de l'habileté ou de l'habitude acquise par l'expérimentateur.

Quant aux applications thérapeutiques de l'hypnotisme; M. Donato croit à leur grande utilité. Il accepte comme parfaitement possible la guérison par suggestion des troubles nerveux et mentaux, et voit avec satisfaction les médecins recourir à ce procédé plein d'avenir. Mais quant à lui il se récuse: —*Je ne suis pas, dit-il, un guérisseur et je n'empiète pas sur le domaine de la médecine. Mon rôle est celui d'un vulgarisateur ; je fais mon possible pour démontrer expérimentalement des faits méconnus par une grande partie du public, et niés par un grand nombre de médecins.* Je déclare avoir fait dans ce sens plusieurs conversions, entre autres celles de M. Morselli, professeur à la Faculté de Turin, de M. le docteur Brémaud et de bien d'autres. Ce qui n'a pas empêché que mes expériences ont été, en Italie, l'objet d'une interdiction injuste, et pourtant ces faits ne sauraient désormais être niés.

M. Donato procéda ensuite à ses expériences ordinaires qui présentent, sur celles des années précédentes, ce caractère particulier d'être faites plus scientifiquement; et nous considérons ceci comme un résultat immédiat des travaux de l'École de Nancy, de la Pitié, de la Salpêtrière.

(Ici vient la description de l'une de ces expériences faite sur M. Clovis Hugues.)

Nous n'insisterons pas sur les expériences variées auxquelles M. Donato s'est livré sur divers sujets. Nous devons constater que l'attention du public est plus vivement attirée par les phénomènes grossiers de l'hypnotisme que par les interprétations délicates. Le côté psychologique de la question n'est encore goûté que par un petit nombre de personnes d'élite.

Nous étions allé à cette conférence avec une certaine prévention, nous en sommes revenu avec l'opinion que, présentées telles qu'elles l'ont été devant nous par M. Donato, les expériences d'hypnotisme peuvent offrir un grand intérêt pour les esprits curieux qui n'ont pas la facilité de suivre les expériences faites par les médecins compétents, *mais qu'elles ne constituent pas pour la santé et la moralité publiques les dangers multiples qui ont été signalés dans ces derniers temps.*

Dr LÉON TÉTARD[6].

Il résulte de cet article, si sobre, si sage, si franc, que Donato —visé dans la lettre de M. Bérillon— ne propage pas sur l'hypnotisme des idées inacceptables. Il n'y en a pas une seule dont je ne sois prêt à prendre la responsabilité, et je ne doute pas que M. Bernheim en ferait autant. Son autorité scientifique n'est donc pas à dédaigner, et je ne sais si j'accorderais plus d'autorité à ceux qui prônent la force neurique rayonnante, la médicamentation à distance ou la polarité humaine. Il en résulte encore qu'*en public*, Donato parle comme dans les conversations particulières; qu'il ne va pas sur les brisées des médecins, et que ses expériences sont absolument inoffensives. Nous allons néanmoins bientôt voir le nom seul de Donato soulever les fureurs du Congrès de l'hypnotisme. Où donc est le méfait?

Le 24 juillet, je répondis à M. Bérillon par la lettre suivante:

---

[6] J'ai cherché en vain, parmi la liste des adhérents au Congrès de l'hypnotisme, le nom de M. le docteur Tétard. M. Donato m'a écrit — je lui laisse toute la responsabilité de son dire— que l'article a été rédigé par M. Bérillon lui-même.

Mon cher Directeur,

Que la Revue attaque les représentations publiques et ceux qui les organisent; que, pour discréditer les unes, elle traite les autres *impersonnellement de "saltimbanques"*, c'est son droit et je n'ai rien à y voir. Mais il n'en est plus de même si, sans provocation de ma part, elle me cite en me présentant comme le défenseur des "saltimbanques" tandis que je suis celui de la liberté; si elle m'attribue des opinions et des raisonnements qui ne sont pas les miens; et surtout si, lorsque je me défends avec mesure, elle me laisse dans l'ignorance du cas qu'elle fait de ma réponse, et finit par m'en refuser l'insertion, Dans mon pays, pareil refus est interdit par la loi.

Que dois-je dire maintenant de ce procédé dont on use à l'égard d'un "éminent collaborateur"? On ne fait connaître en aucune façon l'ouvrage que l'on a en vue, on n'en donne même pas le titre, et on le range dédaigneusement parmi les écrits dont "l'argumentation n'a aucune valeur", tandis qu'il ne renferme pas une assertion qui ne soit appuyée par des expériences la plupart originales, pas une dénégation qui ne soit fondée sur des documents publics et authentiques.

Et, laissant de côté ce qui concerne ma personne, quel jugement doit-on porter sur une *Revue* qui est censée faire connaître la vérité à ses lecteurs, et qui ne fait entendre qu'un son, étouffant systématiquement tous les sons tant soit peu discordants? Car elle se garde bien de reproduire le discours de M. Nuel, alors qu'elle reproduit celui de M. Guermonprez, et de faire savoir que l'Ecole de Nancy, que M. Morselli, et tant d'autres que je pourrais citer, défendent avec conviction comme moi la cause de la liberté.

La lettre que je vous ai adressée, n'attaque personne; et lorsque vous faites sonner bien haut la compétence des Académiciens de Belgique, permettez-moi d'y voir une tactique. Je les connais un peu. Ils ont proclamé solennellement que le cas de Louise Lateau était miraculeux, et ils n'oseraient pas encore aujourd'hui dire le contraire. Je sais aussi ce que pèse leur science en hypnotisme. Quelle meilleure preuve pourrais-je en donner que celle que je rapporte dans mon livre? Il n'y a pas encore un an, une Revue médicale, qui a toutes ses attaches à l'Académie, se moquait agréablement de mon discours sur les cures par l'hypnotisme, et proclamait avec assurance qu'alors seulement on pourrait parler de thérapeutique hypnotique, *quand les médecins se seraient décidés à faire des expériences.*

Je connais les membres de la Commission, et l'un d'eux même est un de mes *intimes* amis. C'est chez moi qu'il descend quand il vient à Liège. Or il y a deux ans il ne connaissait rien de l'hypnotisme, et ne voulait même pas en entendre parler. J'ajoute que c'est le seul qui, dans le rapport de M. Masoin, arrive avec des faits convenablement analysés et avec une argumentation raisonnable.

Ceci, pour vous prouver que je n'avance pas une parole à la légère. Mais, je l'ai dit dans un journal de médecine (le *Médecin du Foyer*, qui défend naturellement la même cause que vous, mais qui insère mes réponses), quand il s'agit de science, il n'y a pour moi ni ami, ni ennemi. Je proclame bien haut —on pourrait dire brutalement— ce que je crois être la vérité. Cette campagne de tout le corps médical contre l'hypnotisme public, campagne où l'on voit se colleter pour ainsi dire, des grands hommes avec des gens qu'on traite de saltimbanques, me révolte, je l'avoue. Et encore, de quelles armes se servent-ils? Voyez M. Lombroso —qui n'a pas toujours répondu à mes défis[7].— Et dans son

---

[7] Voir plus bas, vers la fin; ma dernière réplique à M. Ladame. Il s'agit des faits mis à la charge de Donato par le célèbre criminaliste, et que j'ai démontré, preuves en mains; être tous controuvés; dénaturés ou inventés pour les besoins de la cause.

23

numéro de juillet, la Revue reproduit, sans faire en note la moindre restriction sous le couvert d'un professeur de Lille, qui montre par là l'étendue de ses lectures— les inventions calomnieuses du médecin de Turin. Vous me dites que vous avez les mains pleines de faits. Pourquoi donc ne les publiez-vous pas au lieu de ces mensonges?

Maintenant que vais-je faire de la lettre que vous me renvoyez. Je n'en sais encore rien. Il y a des organes de publicité qui me la demandent. Il est possible que l'ardeur que je mets à défendre le grand principe de la liberté, l'emporte sur certains scrupules.

Agréez, etc.

Quelque temps après, M. Bérillon m'écrivit une autre lettre, également charmante, mais où il répétait son éternel argument: "Je vous dirai simplement que pour garder quelque autorité, quelque valeur aux yeux des personnes instruites, des personnes qui lisent et qui pensent en France, nous *devons* combattre les magnétiseurs, considérés universellement comme des cabotins."

D'où je concluais que la *Revue* se réglait sur l'opinion, au lieu de se donner pour mission de la former; qu'elle savait se servir de sa plume pour défendre la vérité, et, au besoin, pour la combattre; et que, quant à moi, je devais, à son exemple, me retourner contre Donato, si je ne voulais pas perdre toute autorité et toute valeur aux yeux des personnes qui pensent en France. C'était peu réjouissant, mais je me résignais en songeant que MM. Liébeault, Bernheim et Liégeois feraient peut-être exception, et que, après tout, on ne faillit pas à ses propres yeux quand on soutient sa foi.

Ainsi se clôtura notre correspondance à ce sujet. Ma lettre ne fut pas insérée, et je la gardai sans projet d'aucune sorte. Je ne pensais guère à la publier un jour.

DEUXIÈME PARTIE.
LE CONGRÈS

Je n'assiste pas au Congrès de l'hypnotisme et j'y joue un rôle à mon insu.

Le 16 juin 1889, M. Bérillon m'invita à prendre part au Congrès de l'hypnotisme. A sa lettre d'invitation il ajoutait en post-scriptum: "N. B. Je crois qu'on traitera la question de l'interdiction des séances publiques, ainsi que celle des hallucinations négatives."

Pour des raisons d'une nature tout intime, je n'avais nulle envie d'aller à Paris ni de prendre part à des congrès. Mais j'avais fini par promettre mon concours au Congrès de psychologie physiologique. Je répondis en conséquence à l'invitation de M. Bérillon par la lettre suivante:

Liège, le 19 juin 1889,

Cher Monsieur,

Sauf empêchement provenant de mes fonctions d'examinateur, il est probable que j'irai à Paris pour le Congrès de psychologie qui se tiendra le 5 août[8]. *Je profiterai peut-être de mon séjour pour assister au Congrès de l'hypnotisme. Mais la question de la liberté des représentations publiques n'est pas de celles qui pourraient m'y attirer.* J'ai toujours regretté que la *Revue* que vous dirigez, m'ait refusé l'insertion d'une réponse légitimée par une attaque toute spontanée. A un autre point de vue, je ne puis que déplorer cette levée de boucliers de toute la Faculté contre des industriels, en somme peu nombreux et, toute proportion gardée, bien

---

[8] Il s'est tenu du 6 au 10 août.

plus inoffensifs que tels praticiens comme chacun en connaît. A Liège, dernièrement trois morts sous le chloroforme —*authentiques!* Combien en meurent dont on ne parle pas! Attaqué-je pour cela le chloroforme? Non. Mais alors que ces accidents sont dus peut-être à l'imprudence du médecin, je me dis qu'il est couvert par son diplôme. A Liège, je cherche vainement les gens tués par Donato, ou Léon, ou Hansen. Je n'en ai même pas trouvé *un seul* devenu malade, Or, qu'est-ce que je demande? L'impunité? non; mais la responsabilité de droit commun.

Quant à tous ces méfaits que l'on met sur le dos des hypnotiseurs ambulants, l'histoire de ceux cités par Lombroso en dit long sur leur authenticité.

Mais pardon de m'emporter, juste au moment où je dis que la question n'offre pour moi aucun attrait, *parce qu'elle n'est pas scientifique mais professionnelle.*

Agréez etc.

Ainsi, voilà qui est clair. La question des représentations publiques de l'hypnotisme n'était pas de celles qui m'auraient attiré au Congrès, parce que, dans l'occurrence, elle serait non scientifique, mais professionnelle. Il était facile de prévoir de quelle façon elle y serait traitée. A l'Académie de Médecine de Belgique on n'avait daigné réfuter que quelques-uns de mes arguments, et encore en les mettant sous la forme qui prêtait le mieux au travestissement, comme on le verra plus loin; la liberté y trouvait à peine deux défenseurs, et leurs discours étaient résumés par la *Revue de l'hypnotisme* en quelques lignes dédaigneuses, alors qu'elle se livrait tout entière aux partisans de la réglementation avec la plus absolue complaisance. Comment ma voix serait-elle écoutée dans une assemblée presque exclusivement composée de médecins?

On me dira: mais la science hypnotique, dont vous

passez pour être un représentant, vous en faites fi? Nullement.

Mais à côté du Congrès de l'hypnotisme, n'y avait-il pas le Congrès de psychologie physiologique dont le programme faisait une large part au magnétisme? Et, en fait, il y fut discuté d'une manière vraiment digne et calme. On pouvait même se demander pourquoi il y avait deux congrès, se tenant presque aux mêmes jours sur les mêmes matières. L'un me tentait, l'autre ne me tentait pas. Combien mes pressentiments étaient justes, c'est ce que la suite a prouvé.

J'arrivai à Paris le 4 août, et dès le surlendemain, je pris une assez grande part aux travaux du Congrès de psychologie. Je ne fus pourtant pas présent à toutes les séances. Mais j'assistai à celle du 8 août qui s'ouvrait l'après-midi, et même, ce jour-là, je dus présider à 5 heures une sous-commission chargée de faire rapport sur un point spécial. Dans l'intervalle, j'allai retirer ma carte de membre du Congrès d'hypnotisme; et, si même j'eusse eu quelque envie d'écouter ce qu'on allait dire dans la séance d'ouverture, la vue du local, un amphithéâtre assez exigu, bourré de monde par ce temps de canicule, me l'aurait ôtée. Je sortis prendre l'air.

Mon apparition explique pourquoi, après le discours de M. Ladame, M. le président Dumontpallier demanda après moi, et que, ne me voyant pas dans la salle, il envoya un huissier à ma recherche dans l'antichambre et jusque dans les corridors.

C'est le soir, en quittant cette sous-commission dont je viens de parler, que des membres qui sortaient du Congrès d'hypnotisme, me firent part —en termes scandalisés et indignés— des attaques dont j'avais été l'objet de la part de M. Ladame. Tous me dirent que je ne pouvais pas rester sous le coup d'une pareille *diatribe*. C'est le terme dont ils se servirent. Mon absence les avait pris à l'improviste; s'ils avaient su que je n'étais pas là, ils auraient protesté contre le ton du rapport. L'un d'eux même, quoique partisan de la thèse de M. Ladame, avait été sur le point de se lever pour le blâmer. Mais, dans le désarroi général, on avait abordé la discussion, et le moment était passé.

Il paraîtrait que le discours de M. Ladame a soulevé un vacarme d'applaudissements à chacune de ses sorties contre moi. Décidément j'avais été bien inspiré en m'abstenant; je ne serais pas sorti vivant de cet antre, car —je me connais— j'aurais riposté avec une certaine vivacité, et Dieu sait ce que m'auraient valu mes ripostes. "Mauvaise séance! me disait un témoin auriculaire. Voilà le Congrès monté à un diapason qui n'est pas de bonne compagnie." Le mot était un peu dur; je pus m'assurer quelques jours après qu'il était juste.

Le soir de ce jour, j'écrivais à M. le président Dumontpallier, qui me répondit le lendemain que le rapport de M. Ladame était à l'impression et qu'il me parviendrait dès qu'il sortirait des mains de l'imprimeur.

Le rapport de M. Ladame ne m'est remis qu'au moment où s'ouvre la dernière séance du Congrès.

J'attendis. Le dimanche, je me rendis avec une partie des membres du Congrès à Villejuif. M. Ladame n'était pas de la réunion. Je prévins M. Bérillon que, bien que je n'eusse pas encore reçu le rapport de M. Ladame, je demanderais la parole le lendemain, jour de la clôture du Congrès, pour me plaindre des procédés de M. le rapporteur, bien que je ne les connusse que par des on-dit.

J'avais encore une autre raison pour assister à cette séance. On devait y discuter le rapport de M. Liégeois sur les suggestions criminelles. J'avais fait une étude approfondie de cette question, comme en témoignent mes écrits, entre autres, mes *Lettres à M. Thiriar*, et surtout mon *Magnétisme animal* à propos d'une visite à l'école de Nancy, où je lui consacre même près de 40 pages. Je me proposais de combattre la thèse du célèbre professeur de Nancy. Lui même d'ailleurs m'y avait instamment convié. Est-ce que la vérité n'apparaît pas plus claire et plus brillante à la sortie d'un débat contradictoire?

Nous voilà donc le 12 août. Je suis dans l'antichambre, attendant l'arrivée de M. Dumontpallier. Il entre, je me fais présenter à lui, et lui annonce mon intention de prendre la parole pour le fait personnel dont je lui ai dit un mot dans ma lettre. Je me plains de ne pas encore avoir reçu le mémoire de M. Ladame. Il fouille dans ses papiers et me le remet. La séance s'ouvre incontinent.

Pendant la lecture du procès-verbal, je jetai un coup d'oeil sur le Mémoire, et ne pus en lire que l'introduction où l'on me présente comme l'avocat de Donato, et où l'on désigne "mon client" par de ronflantes périphrases. Je n'eus pas le temps de voir que, plus loin, M. Ladame falsifiait mes paroles pour gagner sa cause plus à son aise en m'accusant d'injurier le corps médical. Je ne pus donc songer à me laver de cette calomnie —et j'étais devant une assemblée de médecins!

D'ailleurs, après la lecture du procès-verbal, M. Bérillon annonça que M. Ladame, retenu ailleurs, s'excusait de ne pouvoir assister à la séance. Me voilà pris au dépourvu, moi qui aurais aimé voir mon adversaire en face[9]. A cause de ce concours de circonstances, au moins

---

[9] Mon absence à la première séance a fait croire à tous ceux qui ont lu les comptes-rendus du Congrès que l'unique voix qui a voté contre la conclusion du rapport de M. Ladame est la mienne, tandis que c'est celle de M. Liégeois. L'absence non mentionnée de M. Ladame à la dernière séance donnera à penser qu'il n'a pas daigné me répondre, et que son silence aurait été trouvé tout naturel par l'Assemblée. La *Revue de l'hypnotisme* aurait pu sacrifier deux lignes pour éviter ces malentendus que je lui avais signalés comme inévitables. (Voir plus

singulier: un rapport qui ne m'a pas été communiqué avant d'être lu, bien qu'on m'y attaque constamment, que je réclame, qui ne m'est remis qu'à la dernière minute, et que je ne connais pas —un adversaire qui n'est pas là lorsqu'il doit savoir depuis longtemps que je dois lui demander compte de son attitude—sans armes par conséquent et ignorant les points d'attaque— je dus me contenter de généralités et réclamer le droit de répondre dans les comptes-rendus du Congrès. Si j'avais pu lire le rapport à l'avance, j'aurais dit bien des choses, et, qui plus est, prenant au sérieux ma qualité d'avocat de Donato —qui n'était pas là pour se défendre— je serais venu donner au Congrès lecture de l'éloge que lui décernait la *Revue* par l'organe de M. le Dr Têtard et qu'on a pu lire plus haut.

Or —c'est maintenant à M. Bérillon que je m'adresse— qu'est-ce que je lis dans ces comptes-rendus, dont j'ai revu les épreuves depuis mon discours improvisé jusques et y compris les paroles de M. le président? Je lis 1° des paroles que M. le secrétaire ajoute de son propre chef et n'a pas prononcées —ceci je le lui passe[10]— 2° une mention désobligeante qui est la seule de son espèce dans le volume —nous allons voir si elle aurait dû être la

---

bas, dans ma dernière réplique à M. Ladame, la méprise de la *Gazette médicale de Liège*.)

[10] Serait-ce une habitude? A la page 352 du volume, il résume les différents toasts qui ont été portés au banquet de Villejuif; il met dans la bouche de M. Forel et dans la mienne des paroles que nous n'avons prononcées ni l'un ni l'autre. Je n'ai pas soufflé mot de la communauté de langage (!) et d'idées qui unit la Belgique et la France. C'est moi qui ai porté le toast à la fraternité des peuples. Toast qu'il attribue au docteur Bourdon, et qui a été suivi de celui de M. Sperling. Il appartenait, du reste à un étranger de porter ce toast qui succédait à un grand sentiment de gêne, suscité parmi les convives par la réponse un peu trop patriotique faite au toast de M. Forel. Mon Dieu! je ne tiens pas à l'un plus qu'à l'autre: mais si l'on me fait parler, qu'on me fasse dire au moins ce que j'ai dit; ainsi le veut l'exactitude. Or, sitôt reçu la *Revue*, j'écrivis une lettre de rectification à M. Bérillon, qui l'a mise au panier. Il avait ses toast faits.

seule.— Après mon discours, il ajoute: *L'assemblée accueille à plusieurs reprises par des murmures réprobatifs les paroles de M. Delboeuf.*

Or, comme cela est dit, cela est faux et ne s'applique plus au discours imprimé. Mes paroles ont été couvertes d'applaudissements par une partie notable de l'assemblée —sans protestation— lorsque j'ai fait une profession de foi, et que je me déclarai l'ennemi des privilèges et des monopoles. Pourquoi M. le secrétaire n'a-t-il pas noté ces applaudissements?

La partie de mon improvisation où je caractérisais sévèrement l'attitude de M. Ladame comme rapporteur, en ne me prévenant pas, fut écoutée dans un religieux silence. Mais au lieu de la phrase: "Il a préféré s'exposer au soupçon d'avoir spéculé sur mon absence", j'avais dit: "Il a préféré spéculer sur mon absence." Des murmures partirent derrière moi du banc de M. Gilles de la Tourette, et ces murmures eurent un certain écho —dont je crus immédiatement deviner la cause. Car, me retournant, je dis: "Je ne comprends pas ces murmures. Je suis ici pour me défendre contre des attaques que je n'ose pas qualifier vu que je ne les connais pas. Si pourtant ils s'appliquent à mes dernières paroles, vous me reconnaîtrez au moins le droit de dire que M. Ladame s'est exposé au soupçon d'avoir spéculé sur mon absence."

Et sur ce mot, le silence se fit.

La correction ayant été faite sur l'épreuve, et ayant seule passé dans le texte, la parenthèse introduite par M. Bérillon n'avait plus de raison d'être, si tant est qu'elle en ait jamais pu avoir.

Dans tous les cas, s'il y tenait, elle aurait dû se trouver sur les épreuves que j'ai corrigées. J'aurais pu alors rafraîchir les souvenirs de M. Bérillon, en supposant bien entendu que l'inadvertance ait été involontaire. Il aurait par là évité de s'exposer, lui aussi, au soupçon de l'avoir ajoutée, soit pour m'attaquer à part comme un noble adversaire, soit plutôt pour jeter un dernier discrédit sur la thèse et la personnalité de M. Delboeuf —comme qui dirait le coup de pied de la fin.

De l'introduction des grognements comme arguments dans les assemblées des Sociétés savantes.

Mais puisqu'il relevait ces murmures désapprobatifs qui, suivant lui, ont accueilli mes paroles à plusieurs reprises, que n'en a-t-il fait autant pour les discours que j'ai entendus de mes propres oreilles, et qui ont été l'occasion du plus grand vacarme auquel il m'ait été donné d'assister? Non, jamais de ma vie, je n'aurais pu imaginer que des savants appartenant à cette France qui a la réputation d'être si polie, pussent donner à des étrangers venus là des quatre coins du monde le spectacle d'un pareil scandale. Et si je le révèle aujourd'hui, c'est dans l'intention d'empêcher que, à l'avenir, il se renouvelle. La principale mission de l'histoire n'est-elle pas, d'après Tacite (An. III, 65), d'attacher aux paroles et aux actions mauvaises la crainte de la désapprobation et de la postérité (*ut pravis dictis factisque ex posteritate et infamia metus sit*)?

M. Liégeois venait de lire son superbe et courageux rapport sur les suggestions criminelles. M. Gilles de la Tourette se lève et prend immédiatement la parole d'un ton tellement provocateur et méprisant à l'égard d'un homme dans la position et de l'âge de M. Liégeois, que mes voisins, étrangers comme moi, en sont dès l'abord tout ébahis.

J'ajoute que jamais il ne m'était arrivé d'entendre manier le sarcasme avec cette maëstria, cette volubilité, cet aplomb.

M. Gilles de la Tourette est sans contredit un magnifique orateur et c'est un vrai régal de l'entendre.

Mais l'éloquence n'est pas la science. Il y avait dans la salle une claque organisée et savamment disséminée. Elle comprenait une foule de jeunes gens, élèves de M. de la Tourette sans doute. Un jeune homme qui était devant moi, devait en être l'un des chefs, car à chaque instant, pendant la lecture de M. Liégeois, il se tournait vers son maître et lui faisait des signes d'intelligence. Tant que M. de la Tourette parla, après chacune de ses périodes, des applaudissements à tout rompre partaient de tous les coins de la salle.

Lorsqu'il rappela que M. Liégeois avait parlé en bien de Hansen, de Donato, de Léon, ce furent des trépignements, des hurlements, des grognements, des hou! hou! des cris de Vive Boulanger! A bas Boulanger!

Lorsque M. Gilles de la Tourette en vint à ce passage de M. Liégeois: "En vérité, faudrait-il donc, pour faire prendre au sérieux la suggestion, apporter à nos contradicteurs un crime réel, un cadavre véritable? Cela nous ne pouvons le faire, on le sait, et alors on s'empresse de triompher", M. Liégeois ayant eu le malheur d'interrompre en disant: "Est-ce que vous voudriez donc que j'introduise ici une somnambule. et que je demande à un auditeur de se laisser étrangler?"[11], ce fut un tapage

---

[11] M. Guermonprez prit texte de cette parole pour onctueusement déplorer qu'on pût faire une proposition semblable. Son coeur de médecin s'était senti tout révolté. Lorsqu'on se donnait tant de mal pour prolonger de quelques jours la vie humaine, il se trouvait un jurisconsulte qui, etc., etc. (*Tonnerre d'applaudissements.*) Dans le cours de son homélie et pour lui donner l'autorité de l'impartialité, M. Guermonprez s'avisa d'avouer qu'il avait peu étudié l'hypnotisme. Quelqu'un de la salle —ce n'est pas moi— s'écria: Pourquoi donc en parlez-vous? —(Ceci n'est pas dans le volume. C'est dommage.)— M. Guermonprez fut un peu interloqué; mais il se remit bientôt. Il connaissait le moyen infaillible de reconquérir les sympathies de la fraction la plus bruyante de l'assemblée: c'était de tomber M. Liégeois à propos des magnétiseurs publics. Quand il eût, dit ces mots (voir le volume): "Je ne puis pas laisser passer sans protestation la façon dont M. Liégeois témoigne sa reconnaissance à Hansen, à Donato, à Léon",

assourdissant; tous ces jeunes gens se levaient et vociféraient à faire tomber les murailles de Jéricho; "Moi, moi, je m'offre!" et en criant cela, ils se frappaient la poitrine et interpellaient M. Liégeois. A ce souvenir, mes oreilles tintent encore.

Ceux qui ont lu le discours de M. de la Tourette, auront aussi remarqué la pointe qui le termine à l'adresse de M. Bernheim. (*Applaudissements frénétiques comme toujours.*) Quand M. Bernheim s'est levé tout ému pour dire qu'il ne ramassait pas le trait qu'on venait de lui lancer, son émotion a dû gagner tous les étrangers, car ils sont tous convertis aux doctrines de l'Ecole de Nancy. Eh bien! M. de la Tourette a encore trouvé moyen de retourner les paroles de M. Bernheim et de renouveler son sarcasme. M. Bérillon, usurpant les fonctions de président, intervint pour rappeler à l'ordre l'orateur. D'où une prise de bec —c'est le mot propre— entre lui et M. de la Tourette sur leurs mérites respectifs comme magnétiseurs et sur leurs attributions officielles dans les maladies des enfants. M. Bérillon m'a paru très fort dans l'art de la riposte.

Que devenaient au milieu de tout cela les suggestions criminelles? On ne saurait vraiment le dire. C'est ce que constatent implicitement les paroles sensées de M. Grasset lesquelles, à la stupéfaction générale, clôturèrent une discussion qui n'était même pas commencée[12].

---

mes voisins et moi avons cru que l'amphithéâtre allait s'écrouler sous le poids des imprécations lancées par la jeunesse au professeur de Nancy.

[12] La *Revue* de décembre 1889, p. 187, dissimule son embarras sous cette formule anodine: "La lecture du rapport de M. Liégeois a été suivie d'une longue discussion à laquelle ont pris part, etc.... La longueur de cette discussion.... nous oblige, à notre grand regret, à ne citer que les conclusions par lesquelles M. le professeur Grasset a résumé et clos la discussion. "Voici ces paroles: "Ne vous semble·t-il pas, Messieurs, que les discussions d'école et de personnes ont été

Quant à moi, je rengainai mon discours, et à la sortie, je ne cachai pas à M. Bérillon et à M. Dumontpallier ma réprobation. "J'avais, leur dis-je, préparé un discours pour combattre la thèse de M. Liégeois; mais je n'ai pas voulu le commettre dans une assemblée toute bondée de Romains." "Que voulez-vous, répondit M. le président avec un air de découragement résigné, ce sont les nouvelles moeurs parlementaires qui, de la politique, ont glissé dans le domaine jusqu'ici réservé de la science."

Les étrangers, eux, n'en pouvaient croire leurs oreilles. On les voyait sur la place, l'oeil morne et la tête baissée, se livrer à de tristes pensées. Ils n'avaient pas besoin de se parler pour se communiquer leurs impressions. Leur mine stupéfaite et leur silence étaient suffisamment parlants.

Pour que ceux qui me lisent et n'ont pas assisté à cette séance, sachent bien que je n'ai rien inventé, voici un passage d'une longue lettre que m'écrivait M. Bérillon à ce sujet même. Il me faisait connaître le sentiment public *en France*(?) touchant les magnétiseurs publics (autrement dit, de tréteaux). Et il continuait: "Si M. Liégeois vivait à Paris au lieu de vivre à Nancy (je croyais que Nancy était en France), il n'aurait pas cité les noms de Donato et de Hansen dans son volume. Rien que cela lui a retiré beaucoup de son autorité, et au Congrès, il a suffi qu'un contradicteur.... lise à haute voix ce passage pour que la salle ait exprimé sa satisfaction *par des grognements aussi significatifs qu'unanimes* (souligné dans la lettre)."

Les grognements y sont. Alors pourquoi ne pas les insérer, entre parenthèses, dans le compte-rendu?

---

traitées avec assez d'ampleur et d'éloquence *pour que nous puissions essayer de ramener la question à ce qu'elle a de fondamental et de pratique*. En somme, toute la question soulevée par le rapport, revient aux deux suivantes:.... " M. Grasset pose les questions très nettement. On s'attend à une réponse; on passe à un autre objet!

Pourquoi me réserver à moi seul les honneurs des parenthèses. J'aurais assez aimé à partager avec mon ami M. Liégeois la gloire de *ces grognements aussi significatifs qu'unanimes.* Unanimes, non pas tout à fait. Je puis assurer que ni les Belges (j'en avais un à côté de moi), ni les Hollandais, ni les Allemands, ni les Russes, ni les Anglais, n'ont ni grogné, ni hurlé, ni imité d'autres cris d'animaux, je le certifie.

J'ai critiqué, assez rudement même —mais on voudra bien le remarquer, c'était dans la presse quotidienne où, dit-on il est bon de frapper fort, parce que les coups ne s'y sentent pas— j'ai critiqué l'Académie de Médecine de Belgique pour sa campagne anti-libérale et anti-scientifique contre l'hypnotisme. Mais je dois dire que la discussion y a été conduite avec une méthode, une dignité, une gravité, auxquelles je ne veux pas accorder d'éloges, parce que cela doit être la règle.

Chacun y a pu en toute liberté exposer son opinion. Ni murmures, ni applaudissements, si ce n'est de ces applaudissements discrets et de bonne compagnie par lesquels on remercie un orateur. J'ai assisté au Congrès de psychologie physiologique; c'est le même sérieux qui a présidé aux débats. Le sérieux n'empêche pas d'ailleurs de mettre une certaine vivacité dans l'argumentation. C'est là une affaire de tempérament. Mais l'assourdissement, mais les trépignements, mais les cris....!

Non, au premier Congrès international de l'hypnotisme, l'impossible s'est réalisé.

TROISIÈME PARTIE
LES DOCUMENTS.

Après cette introduction un peu trop longue et peu instructive —je n'ai pas eu le temps de la faire plus courte et plus nourrie— je reproduis ci-après: 1° le rapport de M. Ladame, sans les trépignements qui l'ont accompagné, vu que le document officiel ne les mentionne pas; 2° l'incident à la séance du 12 août, avec la parenthèse dont, seul des orateurs, M. le secrétaire-général m'a gratifié; 3° ma réponse insérée après coup dans les procès-verbaux du Congrès.

Dans une quatrième partie, j'insérerai: 1° La réplique de M. Ladame qu'on peut lire à la fin du volume qui contient la relation du Congrès; 2° quelques réflexions sur cette réplique; 3° l'examen critique du livre de M. Ladame, *la Névrose hypnotique ou le Magnétisme dévoilé*.

De cette façon, le lecteur aura toutes les pièces sous les yeux, sans qu'il ait besoin de recourir aux originaux.

Le rapport de M. Ladame.

Lorsqu'il s'agit d'enchaîner la liberté, lorsqu'on parle de réglementation et surtout d'interdiction, je dois avouer que, d'instinct et sans aucune hésitation, je me range immédiatement sous la bannière de ceux qui protestent, qui repoussent les mesures restrictives, qui ne veulent point de réglementation ni d'interdiction, qui demandent la liberté. J'en ai donné des preuves en maintes occasions.

La liberté! Ce mot magique a toujours fait vibrer profondément les sentiments les plus intimes de l'homme, et toutes les pages de l'histoire en racontent la puissance. Le centenaire de la grande révolution que célèbre la France pendant cette présente année ne nous rappelle-t-il pas vivement aujourd'hui que d'actions héroïques, mais aussi que de crimes ont été commis au nom de la liberté?

Les défenseurs de toutes les causes, les apôtres de toutes les doctrines sont toujours, à les entendre, les apôtres et les défenseurs de la liberté. Et, dans la question qui nous occupe, on n'a pas manqué de faire intervenir cet argument dont l'effet est irrésistible. C'est à M. le professeur Delboeuf, de Liège, notre principal adversaire, qu'en revient l'initiative. Il se décerne lui-même, dans sa dernière brochure, le titre *d'avocat de la Liberté!*[13]

Écrions-nous avec lui[14]: "Ah! les philosophes, une fois, partis, ils ne s'arrêtent pas à mi-chemin dans leur poursuite de l'utopie!"

Nous aussi, en demandant l'interdiction des séances publiques d'hypnotisme, nous nous réclamons de ce beau titre "d'avocat de la liberté"; mais notre client n'est pas le même que celui de M. Delboeuf[15]. Le savant philosophe de Liège plaide pour la liberté du magnétiseur des tréteaux[16]; son client est l'homme prôné par la

---

[13] Delboeuf, *Le Magnétisme animal.* A propos d'une visite à l'École de Nancy. Paris, Alcan, 1889, p. 27. — Note de M. L.

[14] *Loc. cit. p. 29. — Note de M. L.*

[15] Ou plutôt nous n'entendons pas la liberté de la même manière. M. Ladame veut que son client ne puisse sonner qu'à certaines portes; moi, je veux que le mien puisse sonner à toutes.

[16] Les tréteaux de Donato ont de bonne heure empêché M. Ladame de dormir. Deux mois à peine après le départ du célèbre magnétiseur (fin de 1880), il montait dans les théâtres de Suisse, à Genève, à Lausanne, à Neuchâtel, sur ces, mêmes tréteaux; il refaisait en public, secondé par le M. pharmacien Strohl, l'élève de Donato, et sur les sujets de Donato, les mêmes expériences que Donato. Il se hâtait ensuite de publier (le 3 mai 1881) une compilation intitulée la *Névrose*

réclame[17], qui a l'habitude de se faire annoncer plus bruyamment que modestement comme professeur incomparable, de proclamer pompeusement *urbi* et *orbi* sa science, son pouvoir surnaturel et ses talents merveilleux.

Il va de ville en ville, mettant tout le monde en émoi sur son passage, frappant d'étonnement les foules superstitieuses qui lui attribuent le don de faire des miracles, et jetant partout avec arrogance et dédain un audacieux défi aux sciences et aux savants.

Du bruit, beaucoup de bruit avant son arrivée, encore du bruit, souvent du tapage pendant ses représentations; et après son départ, beaucoup de bruit encore, mais surtout une population énervée, agitée, sous le coup d'une véritable épidémie psychique, rappelant de loin, comme on l'a dit, les grandes épidémies mentales du Moyen-Âge, avec leurs convulsionnaires, leurs sorciers et leurs superstitions[18].

---

hypnotique ou le MAGNETISME DEVOILE. Ce titre seul, imité des livres du zouave Jacob — *Poisons et contre-poisons dévoilés*, 1874; *Charlatanisme et Médecine, son ignorance et ses dangers dévoilés*, 1877 — décèle plutôt l'auteur que le contenu ne dévoile quoi que ce soit en fait de magnétisme. Il débute par y dire que le médecin doit avoir *l'âme élevée*, et la première marque qu'il donne de l'élévation de son âme, c'est de s'attribuer à lui et à M. Strohl les expériences de Donato, et de mettre sur le compte de celui-ci des théories saugrenues qu'il n'a jamais professées. C'est ce que j'établirai plus loin sur des textes indéniables. Or (voir ma réponse) le magnétisme était ignoré en Suisse avant l'arrivée de Donato. "Ces questions sont généralement dédaignées par les médecins", écrit M. Ladame, page 3 de son livre.

[17] Ainsi dit, c'est faux. J'ai pris la défense du magnétisme public et non d'un magnétiseur particulier. Naturellement quand des ennemis ont attribué à Donato des accidents inventés ou dans lesquels il n'était pour rien, je me suis efforcé de mettre à nu la calomnie. J'ai la faiblesse de croire qu'en faisant cela, j'ai rempli mon devoir d'honnête homme. Puisque M. Ladame m'y a provoqué, je m'arrogerai tantôt le rôle de juge entre lui et celui dont la célébrité l'offusque.

[18] Voilà donc ce que dit M. Ladame. Qui se douterait que c'est son *alter ego*, M. Strohl, qui est mis en émoi et sert de trompette à Donato, qui est frappé d'étonnement et lui attribue un fluide

Un tel client se passe volontiers d'avocat[19]. Mais M. Delboeuf y tient[20] au nom de la liberté. *L'hypnotisme libre*, telle est sa formule.

Notre client, avons-nous besoin de le nommer, c'est le malade, le sujet, c'est l'hypnotisé, l'homme-lige obscur du brillant magnétiseur. Au nom de la liberté, nous demandons l'interdiction des spectacles publics du servage le plus absolu auquel un homme puisse être réduit par son semblable.

L'hypnotisme libre, c'est la sanction du pire des esclavages, celui qui est accepté et consenti par la victime[21].

L'hypnotisé, livré en spectacle à la foule vibrante d'émotions malsaines, tourné publiquement en ridicule, fasciné brutalement, halluciné jusqu'à la folie furieuse, mis aux abois par des suggestions grotesques ou criminelles que le magnétiseur lui ordonne d'accomplir, au

---

surnaturel; et qui dans un de ses articles, où l'enthousiasme déborde à chaque ligne, se sert le premier de cette expression *épidémie* pour désigner la fièvre que Donato excite partout sur son passage et a excitée en lui-même? Voir au dernier chapitre deux articles signés Strohl, l'un paru dans *l'Union libérale de Neuchâtel* du 23 octobre 1880; l'autre dans le *Val-de-Ruz* du 30 octobre. M. Strohl croit au fluide. Donato, que je sache, n'y a jamais cru (v. p. 17 l'article du Dr Tétard). Dans le *Magnétisme dévoilé;* M. Strohl est l'autorité la plus souvent invoquée. M. Charcot compte à peine devant M. Strohl. Mais trois mois se sont passés depuis l'apparition de Donato; et M. Ladame écrit p. 105 du *Magnétisme dévoilé:* "La seule croyance au *fluide* magnétique agit comme un vrai poison sur l'esprit." Oh! les nouveaux convertis, comme ils sont féroces à l'égard de leurs anciens coreligionnaires! —Notons que de bons esprits croient au fluide.

[19] Tel que moi quand il en a d'aussi chauds que M. Strohl.

[20] A quoi est-ce que je tiens? Je ne comprends pas.

[21] M. Ladame n'ira pourtant pas jusqu'à faire un crime aux amants d'adorer leurs chaînes. La pensée n'en est pas moins aussi juste et nouvelle que profonde. C'est ainsi que les pires maux sont bien ceux que l'on ne sent pas. Mais l'auteur du *Magnétisme dévoilé* voudrait-il bien m'expliquer comment l'hypnotisme libre est la sanction de cet esclavage?

risque de compromettre sa santé mentale ou physique, l'hypnotisé des représentations publiques est bien une victime[22].

Toutes les fois que je me suis rendu à ces représentations, j'en suis sorti sous une impression pénible, et ma conscience de médecin s'est révoltée contre les tristes spectacles auxquels je venais d'assister[23]. Voilà pourquoi je proteste depuis dix ans contre ces exhibitions. L'hypnotisme libre, c'est la clinique des maladies mentales transportée sur les tréteaux pour amuser et divertir le public. Les représentations des magnétiseurs sont-elles autre chose que l'étalage des symptômes de la folie et des grandes névroses dont on exploite les traits comiques et dont on entoure d'un redoutable mystère les phénomènes propres à frapper l'imagination et à jeter l'épouvante dans les cerveaux faibles et les âmes simples et crédules.

L'homme a toujours recherché les spectacles de la folie. Le temps n'est pas si éloigné où l'on allait en

---

[22] Beau mouvement d'éloquence, seulement M. Ladame, en se rendant à ces spectacles, était-il avide d'émotions malsaines? Sinon, pourquoi incriminer les autres spectateurs? Moi, j'ai assisté en tout deux ou trois fois à des représentations et chaque fois en vue de m'instruire, et je m'y suis instruit. Il est vrai que mon cas n'était pas le même, attendu que je n'avais pas, alors plus que maintenant, dévoilé le magnétisme. Je n'ai jamais été témoin de suggestions criminelles — ces sortes de suggestions ont été faites pour la première fois, que je pense, du moins d'une manière systématique, par M. Liégeois, un bien honnête homme et incapable de vouloir le mal. Aurait-il compromis, sans le vouloir, la santé mentale ou physique de ses sujets? — Suggestions grotesques! J'en fais le pénible aveu, j'en ai donné à mes sujets et j'en ai vu donner sur la scène. Mais comment faire croire à la réalité du sommeil hypnotique si ce n'est en donnant des suggestions grotesques, comme le bon Dieu nous en donne dans nos rêves?

[23] Nous verrons plus loin M. Ladame soutenir qu'il n'a jamais assisté aux représentations de Donato, qui ont eu lieu tout à la fin de 1880. C'est en 1881 qu'il a donné lui-même, non des représentations, mais des conférences avec expériences, et en 1889 il nous apprend qu'il proteste depuis dix ans! Il y a dix ans M. Ladame et son acolyte M. Strohl ignoraient, dédaignaient ou niaient l'hypnotisme.

promenade le dimanche, avec sa famille, voir les fous, moyennant pourboire. Enchaînés comme des bêtes féroces, ils vociféraient des injures et crachaient sur les curieux trop imprudents qui s'approchaient de leurs cages. Aujourd'hui, par une étrange contradiction, on tient si bien les fous sous clef, qu'il a fallu les luttes que l'on sait, pour obtenir de l'Administration l'ouverture des cliniques de l'aliénation mentale aux étudiants en médecine, auxquels les connaissances psychiatriques et l'étude pratique des aliénés sont cependant si nécessaires[24].

Par contre, les représentations publiques des magnétiseurs sont une clinique de pathologie mentale libéralement ouverte aux désoeuvrés et aux blasés de toute classe, qui ont soif de plaisirs et d'émotions morbides. Pour notre temps de réalisme à outrance, la clinique ne suffit plus dans les romans, on la veut sur les planches.

Notre civilisation commettrait-elle ce crime de *lèse-humanité* d'apporter des entraves à l'étude scientifique des aliénés dans les asiles, tandis qu'elle permettrait leur mise en scène pour le plus grand divertissement des badauds en suivant la formule de l'hypnotisme libre? [25]

---

[24] Belles phrases. Le fond, c'est autre chose. L'hypnotisme, grand ou petit, n'a rien de commun avec la folie, ni avec ce que l'on appelle la grande névrose; les magnétiseurs publics n'ont jamais entouré d'un redoutable mystère les phénomènes qu'ils provoquaient — ce qui ne leur aurait pas d'ailleurs réussi, si même ils l'eussent voulu— car, en un tour de main, M. Ladame aurait vite fait de les dévoiler. De plus l'histoire entière du magnétisme animal proteste contre cette assertion toute gratuite. Tous ceux qui ont produit le magnétisme en public, n'ont cessé d'appeler la lumière, d'attirer l'attention des hommes de science, notamment des médecins; mais les médecins ainsi que les académies, niaient, dédaignaient, ignoraient. Jusqu'au jour où ils se mirent à dévoiler ce qui n'avait plus de voile. — Quant à "l'étrange contradiction", je ne la saisis pas.

[25]   A ce rapprochement si dramatique il ne manque qu'une seule chose, la vérité. "L'hypnotisme n'est pas une névrose, pas plus qu'il

A. Cependant M. Delboeuf affirme qu'on lèse l'humanité et la morale, en interdisant les séances d'hypnotisme; et voici par quelle étrange argumentation il pense donner le change à cet égard:

"Il faut, dit-il, que chacun sache ce qu'il en est de l'hypnotisme, quels en sont les dangers et les bienfaits; et c'est non-seulement attenter à la liberté, à la justice, à la science, mais encore léser l'humanité et la morale, que de vouloir, *en vue de favoriser des intérêts qu'on n'avoue pas*, en réserver le monopole à des gens qui, à l'abri d'un diplôme, pourraient faire de la psychologie dans l'ombre."[26]

B. L'accusation est formelle. On ne craint pas de dire que les médecins demandent le monopole de l'hypnotisme, en vue d'intérêts honteux et inavouables[27].

Nous sommes, donc mis en demeure de répondre, avant toute autre chose, à cette grave accusation, qu'on est fort surpris de voir lancée si légèrement par un maître de la philosophie. Est-ce que le rôle d'avocat de la liberté entraînerait à des sauts périlleux que toute la philosophie

---

n'est une maladie. Pour le dire, il faut ne rien comprendre ni à la psychologie, ni à la pathologie mentale." Ainsi parle M. le professeur Morselli, directeur de la clinique psychiatrique de Turin. "Les hallucinations provoquées ne laissent pas plus de traces que les rêves, puisque ce ne sont que des rêves provoqués", paroles de M. Bernheim. – (Voir mes lettres p. 70 et 90.)

[26] Loc. cit., p. 103. (C'est nous qui soulignons.) – note de M. L. En effet, si c'était là mon argumentation, elle serait étrange, et elle donnerait une bien triste idée de mon talent d'avocat. Je me demande même pourquoi on prendrait la peine de la réfuter. Ou bien serait-ce que M. Ladame me l'attribue, pour se donner beau jeu et placer des phrases toutes faites sur la noblesse de la profession médicale? Ou bien peut-être encore pour faire dévier le débat, ou, comme il le dit, pour donner le change?

[27] Première liberté que M. Ladame se permet à l'égard des textes. (Voir ma réponse.)

serait impuissante à prévenir? [28]

M. Delboeuf va plus loin. A l'entendre ce sont les médecins qui ont créé les dangers de l'hypnotisme, parce qu'ils n'y connaissent absolument rien et expérimentent de travers. "Il n'y a pas plus de rapport, s'écrie-t-il avec plus de passion que de raison, entre la médecine et le magnétisme qu'entre la géométrie et la religion, qu'entre la physique et la musique, (loc. cit. p, 103)[29]. Quel intérêt ces malheureux médecins pourraient-ils donc avoir à obtenir le monopole d'un art qui leur est si complètement étranger?

Je ne sache pas, du reste, qu'aucun médecin ait jamais vraiment demandé pour le corps médical le monopole de l'hypnotisme. Ce que nous avons toujours réclamé, c'est que la loi fasse rentrer l'hypnotisme *en tant qu'agent thérapeutique*, dans le droit commun, c'est-à-dire dans la réglementation administrative qui régit les choses de la médecine. Qu'on abolisse, si l'on veut, toute réglementation de l'art de guérir, et l'on aura, en parodiant un mot célèbre: "l'hypnotisme libre, dans la médecine

---

[28] Pour faire ma réponse, j'ai eu en main le manuscrit de M. Ladame. Ce manuscrit diffère en quelques points de l'imprimé. Il renferme des passages qui ont été ensuite soigneusement effacés. Chose à noter, dans tous ces passages, M. Ladame se trouvait d'accord avec moi, et tombait quelque peu sur ses confrères. Ont-ils été lus à la séance, je n'en sais rien. Je les rétablis à titre de curiosités. Voici le premier paragraphe éliminé: "Relevons d'abord une contradiction de M. Delboeuf. D'un côté, il accuse les médecins de réclamer le monopole de l'hypnotisme, dans un but intéressé, et de l'autre, il reconnaît malicieusement que ces mêmes médecins n'ont aucune expérience de l'hypnotisme, qu'ils en ignorent la pratique (je n'ai pas dit cela. J. D.), ce qui n'est hélas! que trop vrai pour la généralité des praticiens (voilà justement ce que j'ai dit J.D.) tant que l'enseignement officiel n'y aura pas pourvu." L'aveu de M. Ladame est bon à enregistrer. Si ces lignes ont été lues, l'assemblée a-t-elle encore applaudi?

[29] Absolument faux. De plus –deuxième liberté- on fait dire à la citation tout autre chose que ce qu'elle dit. (Voir plus loin ma réponse.)

44

libre!" Mais, tant que l'Etat jugera à propos d'entourer la pratique de la médecine de certaines mesures restrictives, et d'exiger des garanties de savoir et de moralité de ceux qui l'exercent, il nous semble évident qu'il est nécessaire d'exiger aussi les mêmes garanties de ceux qui s'adonnent à soigner les malades par les pratiques de l'hypnotisme[30].

Et ces garanties, nous les demandons dans l'intérêt des malades; il faut bien le dire, puisqu'on nous soupçonne de mauvaises intentions.

Aux accusations de M. Delboeuf nous pourrions objecter il est vrai, la question préalable, et rappeler l'honorabilité bien connue du corps médical. Dans un siècle où la poursuite des richesses et des jouissances matérielles qu'elles procurent, joue un si grand rôle, les médecins représentent encore, Dieu merci, dans leur immense majorité, les traditions de dévouement et d'abnégation personnelle[31]. Ce n'est certes pas parmi eux qu'il faut aller chercher le culte des intérêts inavouables. On a toujours mauvaise grâce à parler avantageusement de soi, mais qui pourrait entendre qu'on l'accuse de sacrifier à de viles passions, sans protester avec indignation contre ceux qui lui prêtent des arrière-pensées de lucre et d'ambitions inavouées?

C. Insinuer que les médecins veulent le monopole de l'hypnotisme, pour opérer dans l'ombre à l'abri de leur diplôme, en vue d'intérêts que l'on n'avoue pas, c'est les calomnier gratuitement.

Si les médecins écoutaient leurs intérêts

---

[30] Ici un alinéa effacé: "*N'y a-t-il pas trop d'inconvénients à les laisser opérer impunément dans l'ombre, qu'ils se cachent ou non derrière un diplôme?*" Pourquoi la suppression? C'est à peu près ce que j'avais dit, c'est presque ma propre phrase, celle qui est la plus incriminée.

[31] La phrase du manuscrit après les mots *abnégation personnelle*, continue comme suit: "*Malgré les exceptions qui sont la honte de notre profession*, on peut dire hardiment que ce n'est pas certes, etc." — Je renonce à rechercher pourquoi on a biffé la restriction.

pécuniaires dans cette question, ils prêcheraient au contraire avec M. Delboeuf, la croisade de l'hypnotisme libre; car les représentations publiques des magnétiseurs alimentent les hôpitaux et les cabinets de consultation[32]. La discussion magistrale qui a eu lieu l'année dernière à l'Académie de médecine de Belgique a mis du reste suffisamment en relief les dangers des séances publiques des magnétiseurs, pour qu'il ne soit pas nécessaire d'insister sur ce point[33]. L'intérêt grossier et inavouable des médecins serait donc précisément de favoriser ces séances qui leur fournissent des clients!

D. Il nous répugne de discuter plus longtemps sur ce terrain. Nous aimons à croire que M. Delboeuf n'a pas calculé la portée de son accusation, et nous ne pensons pas qu'il ait voulu jeter, d'un coeur léger, une telle déconsidération sur le corps médical[34]. Néanmoins, comme il a des imitateurs qui le croient sur parole, nous ne pouvions laisser passer, sans la stigmatiser, une injure que les médecins n'ont point méritée, et qu'il était de notre

---

[32] Les Liégeois doivent donc avoir des cerveaux à part. Liège est une ville de 150.000 habitants, centre d'une agglomération de 300.000 habitants, où Donato a prodigué les séances, ainsi que Léon, depuis 1876 jusque tout récemment encore (15 janvier). Je fréquente les hôpitaux, et tous les médecins que je connais (et j'en connais beaucoup) interrogés par moi sur le point de savoir s'ils avaient eu à traiter des accidents survenus à la suite d'hypnotisations, m'ont répondu non.

[33] Voir spécialement les Annales médico-physiologiques et les Archives de Neurologie. — Voir aussi l'ouvrage intéressant du docteur G. Guinon: *Les agents provocateurs de l'hystérie.* Paris, 1889. — Note de M. L.

Et voilà la démonstration faite par M. Ladame des dangers des représentations publiques. Ces dangers sont si patents qu'il n'insiste pas! L'Académie de Belgique a parlé, la cause est finie. Cette raison me ferme la bouche et, en même temps, j'apprends quelle est la seule bonne manière d'argumenter.

[34] Nouvelle variation sur le même thème; M. Ladame m'accable maintenant de sa générosité.

devoir de relever publiquement dans ce congrès[35].

Après avoir incriminé les intentions secrètes des médecins, M. Delboeuf prétend pour lui-même au monopole[36] du désintéressement et de la sincérité. Voici comment il termine sa brochure:

"..... Dans le désintéressement le plus absolu et dans la sincérité la plus complète de notre esprit et de notre coeur, nous avons cherché la vérité... Nous ne nous arrêterons pas dans notre poursuite, et nous nous mêlerons, sans arrière-pensée d'ambition, de gloire ou de lucre, aux autres orateurs (L. c., p. 115)."[37]

Chacun applaudirait à ces paroles si elles n'avaient point de sous-entendu. Malheureusement, M. Delboeuf a déjà désigné les gens à diplôme comme étant ceux qui

---

[35] M. Le professeur Jourde (professeur de magnétisme?) écrivait le 9 avril dernier à la *Tribune de Genève:* "Pour ma part, j'ai bien de la peine, je l'avoue, de croire à la sincérité de gens qui soulèvent de pareils conflits (c'est-à-dire qui demandent l'interdiction des séances publiques d'hypnotisme), aussi bien, par contre, très peu surpris serais-je d'apprendre qu'ils ont *un intérêt direct à la suppression de ces expériences.* "Vous êtes orfèvre, monsieur Josse", pourrait-on dire à chacun d'eux. — Note de M. L.

[36] Après m'avoir prêté des opinions, voilà que M. Ladame me prête des prétentions. On dit qu'on ne prête qu'aux riches. Il est encore plus vrai de dire qu'il n'y a que les riches qui peuvent prêter. Quant à moi, je suis pauvre et je n'accepte pas. Je n'ai jamais prétendu au monopole de quoi que ce soit. Au contraire, je fais la guerre aux monopoles. La citation est d'ailleurs tronquée (voir ma réponse), et le *nous* est un pluriel qui comprend M. Liégeois et moi. Or, c'est un fait que ni l'un ni l'autre n'avons d'actions dans les entreprises de Donato ou de Léon, que nous ne montons pas sur des tréteaux, et que, si même nous y montions, on ne pourrait pas dire que c'est pour nous tailler une réclame comme praticiens. C'est une si grande force que d'avoir les mains et la conscience nettes. M. Ladame l'a si bien senti qu'il a eu à coeur de donner à croire à ses lecteurs, déjà dans la note qui précède et dans les lignes qui vont suivre, (voir ma réponse) que "je prêchais pour ma paroisse". Hélas! cet argument *ad hominem* s'est malheureusement trompé d'adresse.

[37] Le *leitmotiv* revient toujours. M. Ladame doit être wagnérien.

nourrissent les arrière-pensées de lucre, de gloire et d'ambition, en disant qu'ils poursuivent des intérêts qu'on n'avoue pas.

Il nous serait facile de rétorquer l'argument et de dire que toutes les fois que des intérêts privés sont touchés par des mesures de salubrité publique, c'est ainsi qu'ils se défendent, en suspectant les intentions de ceux qui réclament ces mesures. Nous pourrions dire que M. Delboeuf prêche pour sa paroisse, puisque, n'étant pas médecin, il soigne, par pur amour de l'humanité, les malades que lui adressent nos confrères belges, ou que lui attire sa renommée d'excellent magnétiseur; ce qui constituerait un délit d'exercice illégal de la médecine, si l'hypnotisme venait à être réglementé par les lois sanitaires de la Belgique. Mais nous nous garderons d'imiter notre contradicteur en lui faisant un procès de tendance, nous ne suspecterons pas sa parfaite bonne foi, et nous admettrons franchement qu'il croit, comme il le dit, à l'innocuité absolue des représentations des magnétiseurs publics.

L'honorable M. Delboeuf nous permettra cependant de professer une opinion diamétralement opposée. Pour nous, le danger de ces représentations est une affaire dès longtemps démontrée[38], et voilà pourquoi nous n'hésitons pas à demander leur interdiction.

E. Nous avons observé, en 1880, l'épidémie de "manie hypnotique"[39] qui sévissait à Neuchâtel et à la Chaux-de-Fonds, surtout chez les élèves des écoles, après les séances de Donato. Nous avons eu connaissance à

---

[38] Alors à quoi bon discuter? c'est démontré pour les médecins, comme le miracle de Josué ou ceux de Lourdes le sont pour les vrais croyants. Et malheur à ceux qui ne croient pas! on fera appel au bras séculier pour leur inculquer des convictions orthodoxes.

[39] Nous savons quand, par qui et en l'honneur de qui l'expression fut inventée (v. p. 38, la note). Nous voyons l'usage que M. Ladame en fait en la démarquant quelque peu.

cette époque de plusieurs cas de maladies nerveuses survenues chez des personnes qui avaient assisté à ces spectacles. Nous avons même été appelé à présenter un rapport médico-légal sur un cas de viol pendant l'hypnotisme, qui eut lieu peu de temps après le passage du célèbre magnétiseur. En février 1881, nous avons vu à Lausanne des jeunes gens tomber spontanément en attaque de sommeil hypnotique, pendant une conférence que nous donnions sur ce sujet; ces jeunes gens avaient été hypnotisés quelques mois auparavant par Donato[40]. Dès

---

[40] Le cas de viol est une affaire de chantage; il n'y avait pas eu de viol, et la jeune personne était de mœurs légères (voir ma réponse et la réplique de M. Ladame et mes observations sur la réplique). Quant au sommeil spontané, voici le fait: M. Strohl suivait Donato partout comme son ombre, recherchait sa société et ses entretiens, se faisait donner par lui des leçons de magnétisme, et obtenait la permission de s'essayer avec ses sujets. Donato parti, il se fit l'acolyte de M. Ladame, se chargea du rôle de démonstrateur pendant que son maître parlait, et en échange laissa inscrire à son actif, dans le *Magnétisme dévoilé*, comme fruits de son expérience, toutes les remarques que Donato lui avait communiquées. Voici maintenant le récit tel qu'on le lit dans le *Magnétisme dévoilé* (p. 9.):

"Nous avons provoqué, M. Strohl et moi, bien involontairement, les mêmes accidents à Lausanne pendant la séance expérimentale que nous donnions le 25 mars 1881, au Casino-Théâtre. Quelques jeunes personnes fortement émotionnées, durent quitter la salle, des jeunes gens s'endormirent spontanément du sommeil hypnotique et si profondément qu'on vint nous appeler après la séance pour les réveiller. Nous *apprîmes* que c'étaient des jeunes gens hypnotisés par Donato lors de son passage à Lausanne! De tels exemples suffisent pour condamner la pratique clandestine ou publique du magnétisme, qui peut avoir de si tristes conséquences."

Remarquez les malices de ce récit; remarquez ce "bien involontairement" qui, pris à la lettre, n'aurait pas de sens à propos d'accidents aussi insignifiants, mais qui a pour but de montrer les dangers, les grands dangers des magnétiseurs publics; remarquez ces gens qui s'endorment spontanément et que MM. Ladame et Strohl durent venir réveiller; remarquez ce "nous apprîmes que c'étaient des jeunes gens hypnotisés par Donato" comme si M. Strohl ne les connaissait pas, et remarquez le signe d'exclamation "par Donato à

lors, à maintes reprises, nous avons été consulté par des malades dont les troubles nerveux dataient d'une séance de magnétisme[41].

Tout récemment enfin, nous avons soutenu, à Genève, une polémique dans la presse[42], à la suite des séances publiques d'un autre fameux magnétiseur, M. Onofroff, dont les représentations furent interdites lorsqu'il eut donné à ses sujets des suggestions posthypnotiques de nature à troubler l'ordre public, en les envoyant, à l'heure de midi, accomplir diverses pantomimes sur une des places les plus fréquentées de la ville.

Au risque de répéter ce que tout le monde sait[43], je dirai donc, qu'outre les accidents nerveux immédiats qui peuvent frapper les sujets ou les spectateurs, il faut considérer encore les conséquences secondaires et lointaines des représentations publiques.

Ces conséquences sont:

Lausanne!" Or, à moi qui ai fait trois conférences devant des centaines et des milliers de personnes, de mes sujets étant présents, ainsi que des sujets de Léon et de Donato que j'avais employés, rien de semblable ne m'est arrivé. Etranges en vérité, ces accidents involontaires. De plus, les accidents arrivent à M. Ladame, et on les porte au passif de Donato!

[41] Voir Ladame: *L'hypnotisme et la médecine légale*, Lyon. 1887. — Note de M. L.

Les Suisses sont décidément plus nerveux que les Liégeois; et dire que les séances de magnétisme sont interdites là-bas, permises chez nous!

[42] Que prouve le fait d'avoir soutenu une polémique?

[43] Je reste seul à l'ignorer, seul avec MM. Liébeaut, Bernheim, Liégeois et Morselli. Ce sont là des accusations vagues. M. Ladame est tenu d'apporter un accident authentique arrivé en Suisse à l'un des sujets ou des spectateurs de Donato ou de quelque autre habile magnétiseur. Or il ne l'a jamais fait. Il ne s'agit pas d'admettre comme preuve tel ou tel racontar de malade qui cherche une cause à sa maladie, et qui, soufflé peut-être par le docteur, songe à une représentation d'hypnotisme, comme il pourrait songer à une conférence de MM. Strohl et Ladame.

1° La propagation d'une épidémie mentale[44], sous forme de manie hypnotique, pouvant donner naissance à diverses névroses et psychoses chez les personnes prédisposées.

2° La réalisation des suggestions posthypnotiques, comme M. Onofroff s'est chargé d'en donner à Genève une démonstration éclatante. Qui pourrait nier, dans un cas semblable, la possibilité[45] de l'accomplissement d'une suggestion criminelle à échéance plus ou moins éloignée?

3° L'éducation de misérables qui trouvent dans ces séances des leçons leur apprenant à se servir de l'hypnotisme pour la satisfaction de leurs vices et de leur immoralité. M. Delboeuf reconnaît lui-même que les attentats à la pudeur sont parfaitement possibles par le moyen de l'hypnotisme, et cela suffirait pour démontrer la nécessité de l'interdiction de spectacles publics où les scélérats peuvent venir s'initier aux procédés d'hypnotisation qui leur permettent de violer ensuite impunément leurs victimes[46].

F. L'interdiction des séances publiques des magnétiseurs est une simple mesure de police qui ne peut suffire aux exigences nouvelles créées par l'avènement de l'hypnotisme dans les sciences médicales. Ce n'est même qu'un des plus petits côtés de la question.

Nous demandons davantage. L'intervention des

---

[44] Ce doit être une épidémie tout à fait locale, comme le crétinisme dans le Valais.

[45] A-t-on jamais légiféré contre des possibilités? La lumière électrique a déjà tué bien des gens; aurait-on du en interdire l'emploi par la crainte d'accidents possibles? D'ailleurs l'interdiction des séances publiques est en opposition avec le but que l'on vise.

[46] Personne n'a jamais appris à hypnotiser par les séances publiques et surtout on n'ira jamais y apprendre, là ni ailleurs, l'art de violer impunément. Ce sont des phrases vides; et quand même cela serait, cela ne suffirait pas pour justifier l'interdiction. C'est comme si l'on interdisait de faire des leçons sur les champignons vénéneux ou sur les moyens de reconnaître les falsifications alimentaires.

autorités administratives dans la réglementation de l'hypnotisme ne saurait se borner à des prescriptions d'hygiène publique et de police sanitaire.

G. L'emploi de la thérapeutique suggestive doit rentrer, comme tout autre agent médical, dans les lois et règlements qui régissent l'art de guérir. Mais comme le diplôme de médecin ne sacre pas hypnotiseur, il devient absolument nécessaire que l'enseignement de l'hypnotisme soit introduit d'une manière officielle dans les programmes des Facultés de médecine.

Il n'est point besoin pour cela d'un bouleversement de ces programmes. La clinique de l'hypnotisme appartient de droit à la psychiatrie; et il suffirait d'exiger des candidats en médecine, au moment de leurs examens de doctorat[47], la justification de connaissances pratiques dans l'art d'hypnotiser, et dans les applications thérapeutiques des suggestions hypnotiques, comme on leur demande celle des méthodes et des procédés dans l'art opératoire de la chirurgie et des accouchements.

C'est pourquoi j'ai l'honneur de proposer au Congrès les conclusions suivantes:

"LE CONGRÈS DE L'HYPNOTISME, Vu les dangers des représentations publiques de magnétisme et d'hypnotisme,

Considérant que l'emploi de l'hypnotisme comme agent thérapeutique rentre dans le domaine de la science médicale et que l'enseignement officiel de ses applications

---

[47] C'est impraticable. Les vrais hypnotiseurs sont rares, et quand le premier médecin venu, se fiant à son diplôme, voudra hypnotiser sans avoir reçu "du ciel l'influence secrète", ses échecs auront bientôt fini de tuer la foi en l'hypnotisme chez lui et chez ses malades. Je le crains, il en sera de l'hypnotisme, grâce aux revendications médicales, comme de beaucoup de remèdes: il ne guérira que pendant un temps. Après quoi, devant les nouvelles générations, apparaîtront de nouveaux zouaves Jacobs et autres thaumaturges.

est du ressort de la psychiatrie,

"ÉMET LES VOEUX SUIVANTS:

I. Les séances publiques d'hypnotisme et de magnétisme doivent être interdites par les autorités administratives, au nom de l'hygiène publique et de la police sanitaire.

II. La pratique de l'hypnotisme comme moyen curatif doit être soumise aux lois et aux règlements qui régissent l'exercice de la médecine.

III. L'enseignement de l'hypnotisme et de ses applications médicales doit être introduit officiellement dans les programmes des cliniques de psychiatrie, et l'on devra exiger à l'avenir des candidats en médecine les connaissances nécessaires à la pratique de l'hypnotisme comme agent thérapeutique."

Le lecteur a maintenant sous les yeux ce fameux rapport, et il peut, en connaissance de cause, en apprécier l'argumentation. Elle tient en quatre lignes. "Les magnétiseurs de tréteaux n'ont jusqu'à présent trouvé qu'un seul défenseur, M. Delboeuf. Qu'est-ce que M. Delboeuf? Un avocat qui accuse les médecins de n'obéir dans leur campagne qu'à des motifs grossiers et inavouables." (*Applaudissements prolongés*). Qui se douterait, en lisant ces lignes, que dans mon examen du discours de M. Thiriar à la Chambre des représentants de Belgique, et du rapport de M. Masoin à l'académie de Médecine, j'ai examiné séparément chacun des griefs mis à la charge de l'hypnotisme public, que je me suis livré à une enquête étendue sur le plus grand nombre d'entre eux, et que j'en ai démontré l'exagération et souvent la fausseté (je donnerai plus bas quelques spécimens de cette enquête); que j'ai réfuté avec observations et expériences à l'appui —expériences originales et pour la plupart inédites— les légendes touchant l'oubli incoercible des somnambules, leur asservissement absolu à l'hypnotiseur, leur passivité à l'égard des suggestions criminelles qui les rendrait de commodes instruments de crimes, leur assimilation à des hystériques ou à des névropathes? Qui se douterait que c'est à la suite d'une discussion aussi complète et aussi serrée que possible, que j'affirme que l'interdiction des séances publiques porte atteinte à la liberté, à la justice, à la morale, à l'humanité, à la science? Personne. Et M. le Rapporteur joue à cette assemblée, devant laquelle il a l'honneur de parler, le tour de lui arracher des applaudissements en gonflant sa voix et en enfilant des périodes contre un adversaire à qui il a pris soin d'enlever ses armes.

Tel a été le prologue. Voici l'épilogue.

Ce rapport, dont tous les paragraphes furent accueillis par des bravos frénétiques, ne souleva qu'un semblant de discussion. M. Bourdon raconta l'histoire de jeunes gens qui, après une représentation publique, s'amusèrent à s'hypnotiser. L'un d'eux s'endormit et les autres ne parvinrent pas à le réveiller. Grand embarras. On dut aller chercher M. Bourdon, qui toutefois ne nous apprend pas s'il y a réussi ni au bout de combien de temps. Est-ce assez effroyable? et pourtant —à quoi servirait de le nier?— cet accident n'est pas unique. Il en est même arrivé un à Liège dans la très haute société, d'autant plus curieux qu'il s'agissait d'une farce. C'était après le passage de Hansen. Une dame, par plaisanterie, dit à un monsieur —un grand personnage—: "Voyons, Monsieur, essayez de m'endormir." L'autre, de même, par plaisanterie, la regarda un instant dans les yeux, et la dame tomba hypnotisée. On crut d'abord qu'elle continuait le jeu, et l'on riait de plus belle. Mais pas du tout. On travailla près d'une heure pour la réveiller. Il y avait des médecins dans la compagnie. Or —comme M. Bernheim l'a si bien dit dans une séance ultérieure— si on l'avait laissée tranquille, elle se serait réveillée probablement au bout de quelques minutes. C'est l'inquiétude même des assistants qui la maintenait dans son sommeil.

L'histoire racontée ensuite par M. Guermonprez — et qui a fait dans son temps le tour des journaux— de ces trois médecins s'escrimant pendant trois jours autour d'une malheureuse femme tombée dans le sommeil hypnotique, appuie ce que je viens de dire[48]. Mais sont-ce là, des accidents? est-ce pour cela qu'il faut légiférer?

M. BALLET, ainsi que les autres orateurs, sont restés dans l'ordre d'idées du rapport.

M. DECROIX aurait voulu ne pas voir l'interdiction étendue aux instituteurs "qui pourraient obtenir de bons résultats par la pratique de la suggestion, en particulier chez les enfants paresseux, menteurs, vicieux."

Pour ma part, je crois que c'est une illusion de voir dans l'hypnotisme "un moyen de moralisation et d'éducation". Certes, il peut corriger de *mauvaises habitudes*, mais je doute fort qu'il modifie jamais profondément le *caractère*; les natures perverses y résisteront, comme aux corrections. Mais à cet égard laissons parler l'avenir. Je m'étonne toutefois qu'on n'ait pas encore fait l'expérience de l'hypnotisme sur les jeunes

---

[48] Il s'agit de Madame Delannoy, rue de Solférino, 126, Lille. Son mari avait le pouvoir de la magnétiser. Un jour il oublia, paraît-il, avant de l'endormir, de lui suggérer l'ordre de se réveiller à son commandement. Il travailla sept heures inutilement pour la tirer de sommeil. Alarmé, il appela successivement trois docteurs, MM. Jousset, Delassus et Druon (voir le *Libéral du Nord* du 7 janvier 1887) qui, pendant trois jours, s'escrimèrent vainement à la réveiller. On eut recours alors aux magnétiseurs Albertini et Cazeneuve. Ce fut celui-ci qui y réussit enfin le cinquième jour. (Voir le *Journal de Liège* du 6 janvier 1887.) Le lecteur pourra remarquer que l'onctueux M. Guermonprez laisse prudemment dans l'ombre le succès de cet obscur magnétiseur de profession. Ce succès est cependant assez significatif après l'insuccès de MM. Jousset et Cie, et prouvé bien que, même pour démagnétiser, rien ne vaut un magnétiseur avec ou sans diplôme.

délinquants. Je l'ai proposé dans un article inséré dans la *Revue philosophique (de l'Influence de l'imitation et de l'éducation dans le somnambulisme provoqué*, août 1886, p. 170), article où je montre, sous forme dubitative, une confiance, aujourd'hui bien amoindrie. Dans tous les cas, il est clair que l'instituteur —mais j'ajoute: encore moins le médecin— n'a pas, *de par son diplôme*, ce qu'il faut pour manier l'hypnotisme comme instrument de *pédagogie*. C'est l'affaire des pédagogues. A chacun son métier. Tant mieux si le pédagogue est médecin.

La motion de M. Decroix fut combattue avec raison par M. Dekhhereff (de St- Pétersbourg) et M. Forel (de Zurich).

Et ce fut tout. Pas une voix ne s'éleva en faveur de la liberté. Ce n'est pas que quelques orateurs n'en eussent l'envie, mais le diapason de l'assemblée la leur ôta. Ajoutons que le rapport est insaisissable et qu'on croyait que j'étais là.

Le volume ne rapporte pas exactement la vérité, quand il dit que les conclusions du rapport furent adoptées à l'unanimité moins une voix. Il y eut des abstentions, entre autres, celle de M. Bernheim. Mais cette voix, qui était celle, de M. Liégeois, et cette abstention, dût-elle être la seule, pèsent autant, sinon plus, dans la balance, que beaucoup d'adhésions.

La quatrième séance le Lundi 12 août, sous la présidence de M. DUMONTPALLIER.

Nous voici à la dernière séance du Congrès. Ici je me contente de copier le volume (p. 241):

"Après la lecture du procès-verbal, M. Delboeuf demande la parole pour un fait personnel. Elle lui est accordée.

"M. DELBOEUF J'ai demandé la parole pour un

fait personnel. Dans le courant du mois de juin, M. Bérillon me fit l'honneur de m'inviter au Congrès de l'hypnotisme. Je lui répondis immédiatement que, prenant part au Congrès de psychologie, je profiterais peut-être de mon séjour à Paris, pour assister à l'autre, mais que toutefois la question de la liberté des représentations publiques ne m'y attirerait pas: "parce qu'elle était non scientifique, mais professionnelle". Voilà pourquoi, en outre d'autres raisons, je ne fis pas acte de présence à la séance d'ouverture du 8 août.

"A ma grande stupéfaction, j'appris le soir même que le rapport de M. Ladame me mettait constamment sur la sellette, qu'il n'y était pour ainsi dire question que de moi et de Donato, et cela dans des termes d'une violence calculée. Les personnes qui me donnèrent ces informations, ne me cachèrent pas leur indignation et me firent un devoir de répondre[49]. J'écrivis immédiatement à M. le président Dumontpallier, pour qu'il voulût bien me communiquer le rapport, mon dessein étant de prendre la parole à une séance ultérieure, pour un fait personnel. M. le Président me répondit que le document était à l'impression et qu'il me l'adresserait le plus tôt possible. Quand je suis entré dans cette salle, je ne l'avais pas encore reçu. On vient seulement de me le remettre. Je n'ai encore pu en lire que quelques lignes.

"Je parle ici sous le coup d'une profonde émotion. Je ne pouvais m'attendre à ce que, dans une assemblée savante, on se livrât contre un de ses membres à un tel débordement d'outrages. Mes opinions sont connues. Je suis et ai toujours été le défenseur ardent de la liberté et spécialement de la liberté des professions. Contre les abus, la loi répressive suffit; inutile de recourir à la loi préventive. Dès qu'on veut mettre la société ou les individus en tutelle, il est difficile de dire où la tutelle doit

---

[49] Cette dernière phrase, qui doit se trouver sur le *bon à tirer*, a disparu, je ne sais comment.

s'arrêter. Interdirons-nous les débits de liqueurs fortes et les lieux de prostitution, les théâtres et les cafés-concerts, les journaux et les romans? Et pourtant que de maux n'ont-ils pas causés! Telle oeuvre littéraire a fait à elle seule un nombre de névropathes bien plus considérable que celui de tous les névropathes réels et supposés dont on endosse l'hypnotisme public.

"Je suis aussi l'adversaire des privilèges et des monopoles, et je ne crois pas aux vertus des diplômes. Les privilèges sont jaloux et envahisseurs; les monopoles sont funestes au progrès[50].

---

[50] Deux exemples tout récents. Un jour, un professeur de Liège fit la proposition de permettre l'exercice de la médecine aux femmes. Elle fut soumise au Conseil académique. Le jour où elle fut discutée, tous les professeurs de la Faculté furent au poste. On vit même réapparaître, pour cette fois-là seulement, un professeur depuis longtemps émérite, que bon nombre d'entre nous ne connaissaient même pas. Naturellement il était venu combattre la proposition, qui n'eut pas pour elle une seule voix de médecin.

L'année dernière, une dame, la dame Poupelin, ayant passé, devant la Faculté de droit de Bruxelles, tous ses examens de la manière la plus brillante, demanda à être admise à la prestation du serment comme avocat. La Cour d'appel et la Cour de cassation repoussèrent sa demande. Il s'ensuit que, pour défendre la veuve et l'orphelin, il ne suffit pas d'avoir la science et le talent, il faut encore être bâti d'une certaine façon. Voilà à l'oeuvre les monopoles.

Dernièrement à L.... des parents conduisaient leur enfant à l'hôpital pour un mal quelconque à la jambe. Le médecin, jugeant les autres moyens inefficaces, coupe la jambe à l'enfant, puis le renvoie chez lui. Indignation de la famille, action en justice. Le médecin est condamné à 10.000 francs de dommages-intérêts. Aussitôt la Faculté toute entière s'alarme; de cette affaire elle fait son affaire et se cotise pour qu'on la porte devant la juridiction supérieure. Que réclame-t-elle donc? N'est-ce pas le *jus impune coupandi*? Voilà en action les privilèges.

L'Etoile Belge du 12 janvier 1890 rapporte le fait d'un guérisseur somnambule établi à Braine-le-Château, chez qui la foule afflue. Le correspondant se lamentait à la pensée de tant de jeunes médecins, pleins de science, attendant vainement une clientèle, qu'un charlatan leur enlevait. Je résume en trois mots la réponse que, dans le

58

"Voilà ma profession de foi. Maintenant, que dans la polémique courante, à l'égard des opinions que l'on ne partage pas, on se laisse aller à une certaine vivacité de langage, qu'on les traite d'absurdes, d'ineptes, de subversives, je n'y vois aucun mal et peu m'en soucie. Car, M. Ladame devrait le savoir, les plus beaux éclats d'indignation ne sont pas des arguments, et les épithètes les plus courroucées ne sont souvent que des injures qui dénotent l'impuissance. Mais ici le cas est différent. M. Ladame a oublié une première chose, c'est qu'il n'avait pas à faire une oeuvre de polémiste, c'est qu'il avait l'honneur d'être rapporteur sur une question scientifique déterminée, que son devoir était d'exposer avec impartialité et courtoisie les raisons apportées de part et d'autre. Si les moeurs nouvelles inaugurées par M. Ladame devenaient la règle des congrès futurs, l'appel adressé aux étrangers ressemblerait trop souvent à un guet-apens, et il n'y aurait bientôt plus de congrès possibles.

"Il est une seconde chose que M. Ladame a oubliée: c'est que, du jour où il se proposait de me traduire à sa barre, les convenances les plus élémentaires lui faisaient un devoir de m'en prévenir et même de me donner communication préalable de son réquisitoire. Il en a jugé autrement. Il a préféré s'exposer au soupçon d'avoir spéculé sur mon absence. Je laisse l'assemblée juge du procédé. Quant à moi, tout en me défendant, j'accueille ses attaques en ce qu'elles ont de personnel, avec la plus complète indifférence[51].

Journal de Liège du 15 janvier, j'ai faite à ce correspondant: —ou le somnambule guérit les malades; et alors qui peut se plaindre? au lieu de le tracasser, les jeunes médecins devraient, au contraire, tâcher de lui dérober son secret— ou bien il ne les guérit pas; et, dans ce cas, la clientèle des vrais médecins ne subit une diminution que momentanément—si, en outre, il leur fait du mal, la loi est armée, et les victimes n'ont qu'à réclamer devant le juge.

[51] Ici vient la parenthèse. (*L'assemblée accueille, à plusieurs reprises, par des murmures réprobatifs, les paroles de M. Delboeuf.*)

"Un mot encore: je demande à M. le Président le droit de répondre dans le compte-rendu des séances, au rapport de M. Ladame, dès que j'en aurai pris connaissance."

"M. le Président reconnaît à M. Delboeuf, ce droit de la façon la plus absolue.

"M. LE PRESIDENT exprime à M. Delboeuf tous ses regrets de l'incident. Il le prie de croire que M. Ladame a surtout visé les opinions et non pas l'homme pour lequel tout le monde professe la plus grande estime. Si M. Delboeuf croit qu'il a été attaqué directement, il peut être assuré que l'assemblée lui accordera toute latitude pour répondre.

"M. BÉRILLON déclare qu'il a adressé à M. Delboeuf une invitation à assister aux travaux du Congrès de l'hypnotisme au même titre qu'à tous les savants qui ont publié des travaux sur cette science à l'époque contemporaine. Le titre seul du rapport de M. Ladame, publié longtemps à l'avance dans le programme du Congrès, indiquait assez quelles seraient ses tendances. De plus, il faut reconnaître qu'il eût été difficile à M. Ladame de traiter la question de l'interdiction des séances publiques d'hypnotisme sans tenir compte des opinions exprimées par M. Delboeuf sur ce sujet et sans les discuter[52].

---

[52] Ou mes souvenirs me trompent bien, ou M. Bérillon n'a rien dit de semblable. Toutefois c'est là un point secondaire. Seulement c'est parler pour ne rien dire. Il est clair que je savais qu'on traiterait des séances publiques et dans quel sens. Quant au second point, s'il eût été difficile, etc., c'est autre chose. La forme est classique: *on* a dit, *on* a objecté, ou même M. Delboeuf a dit, a objecté. Mais *on* valait mieux, puisque, dans cette campagne en faveur de la liberté, MM. Liébeault, Bernheim, Liégeois et Morselli m'ont apporté publiquement leur concours dans des lettres que j'ai publiées. Encore une fois, pourquoi m'isoler? M. Ladame était-il jaloux des lauriers de cet Horace qui, par sa tactique savante, sépara ses trois adversaires et les immola sans peine? Enfin —qu'on me pardonne de me répéter— M. Ladame n'a

"L'assemblée, consultée, décide que la réponse de M. Delboeuf sera insérée dans les comptes-rendus, à la suite de la discussion sur le rapport de M. Ladame."

Cette réponse, la voici (p. 44 des *Comptes-rendus du Congrès*):

La réponse de M. Delboeuf.

La meilleure réponse que l'on puisse faire au rapport de M. Ladame, c'est le rapport lui-même. Les lecteurs qui liront jusqu'au bout cette diatribe m'auront assez vengé. Aussi je ne désire qu'une chose, c'est qu'il reçoive la plus large publicité possible, et pour ma part, je m'engage à le répandre[53].

Que doit être un rapport? Un exposé simple et calme de l'état d'une question et un examen critique des opinions en présence. Qu'est le rapport de M. Ladame? Tout autre chose. On y trouve un hymne, des imprécations en périphrases, des apostrophes, un dithyrambe; mais d'arguments point ou peu. En fait d'adversaire, M. le Rapporteur n'en voit pas d'autres que moi. Il cite de moi une ou deux phrases tirées d'un ouvrage étranger au débat, et il en dénature le sens et la portée pour mieux m'accabler. Des raisons que j'ai fait valoir à l'appui de ma thèse dans un autre opuscule où je traite la question *in extenso* et qu'il feint de ne pas connaître, pas un mot. C'est à faire croire que je lui aurais donné l'exemple de défendre une cause par des déclamations et des hors-d'oeuvre. C'est pourquoi je demande la permission de présenter quelques observations.

Pourquoi d'abord M. le docteur Ladame, de l'Université de Genève, a-t-il tenu à m'attaquer isolément? Pourquoi ne met-il en avant que ma personne? Pourquoi

---

rappelé aucun de mes arguments.

[53] C'est le but de la présente publication. Je tiens parole.

laisse-t-il ignorer que, même parmi les docteurs, il en est, et des plus illustres en fait de magnétisme, qui combattent à mes côtés pour la liberté des représentations publiques et spécialement que MM. Liébeault et Bernheim de Nancy, M. Morselli de Turin m'ont spontanément apporté leur appui et m'ont autorisé à publier leurs lettres?[54] A l'Académie de Belgique, on avait déjà employé envers moi ce procédé d'isolement. Je m'en plains, page 105 de l'ouvrage cité par M. Ladame et M. Ladame tombe... comment dirais-je?... dans la même inadvertance![55]

Nous venons de voir M. Ladame user contre moi de l'omission. Mais il ne dédaigne pas d'argumenter par addition. Il a entendu dire que, pour défendre les mauvaises causes, tous les moyens sont bons.

J'avais dit ceci —et M. Ladame cite mes paroles— que la campagne contre les magnétiseurs publics était menée "en vue de favoriser des intérêts qu'on n'avoue pas". M. Ladame donne immédiatement un autre tour à ma pensée et me fait dire que la Faculté se remue "en vue

---

[54] Voir mon volume *l'Hypnotisme et la liberté des représentations publiques*, Liège, Desoer, 1888, p. 69,71 et 88.— Voir aussi le livre de M. Liégeois: *De la suggestion et du somnambulisme dans leurs rapports avec la jurisprudence*, Paris, Doin, 1889, p. 627 et passim, et notamment la lettre à M. le docteur Semal de l'Académie de médecine de Belgique, p. 722-729.

[55] "Après quoi, il (M. le rapporteur Masoin)... s'écrie qu'il m'a placé "dans un isolement superbe, comme le grand-prêtre d'un "autel déserté" (p. 41 du rapport). Pour justifier cette péroraison, aussi superbe que mon isolement, il laisse ignorer — et l'assemblée devant laquelle il parle fait semblant d'ignorer— que M. Brouardel soutient le même combat que moi contre M. Liégeois, que celui-ci (p. 627 et passim et notamment dans une longue lettre de M. Semal, p. 722-729, dont pas un mot chez M. Masoin) et ses collègues de Nancy et d'Italie se sont alliés à moi pour la défense des magnétiseurs publics, et que la thèse sur l'innocuité de l'hypnotisme *entre des mains exercées*, est appuyée par *les premiers praticiens du monde*, qui ont à eux seuls hypnotisé mille fois plus de personnes que tous nos académiciens ensemble.

d'intérêts *honteux et inavouables*"[56], et il part de là pour soulever contre moi l'*indignation* de l'assemblée et m'accuser de *calomnier* le corps médical!

Ai-je besoin de faire remarquer que je n'ai pas dit *honteux*, et que je n'ai jamais pu le penser? Quelle honte y a-t-il à tirer profit de ses talents et de son savoir? Ai-je encore besoin de faire remarquer que, dans la langue française, "inavouable" ne signifie point et n'a jamais signifié "qu'on n'avoue pas". Il y a nombre de sentiments, et des plus purs, qu'on n'avoue pas. Mais M. Ladame avait besoin de cette falsification de termes pour justifier ses apostrophes enflammées. Décidément votre cause est mauvaise, Monsieur, et elle n'aura pas été rendue meilleure par les applaudissements et les trépignements que votre sortie vous aura fait, je n'en doute pas, frauduleusement recueillir. Car les corps privilégiés sont ainsi faits. Que devant eux le premier venu se lève pour dénoncer un soi-disant abus, qui selon lui, lèse leur dignité, dès qu'il a ouvert la bouche, il a raison; inutile de l'écouter jusqu'au bout; l'assemblée vote par acclamation l'abolition de l'abus —qui souvent est un droit et parfois un néant.

Donc, Monsieur, ma périphrase signifiait tout simplement "des intérêts pécuniaires". Ce sont bien là, n'est-ce pas, des intérêts que dans l'occurrence, l'on n'avoue pas. Vous-même ne les avouez pas. A qui cependant prétendez-vous faire accroire qu'ils n'ont pas guidé tant soit peu votre plume acerbe? Lorsque dernièrement, dans mon pays, les médecins s'en prirent aux pharmaciens qui vendaient des remèdes sans ordonnance (je ne sais pas si le sulfate de magnésie ne figurait pas dans l'affaire), les demandeurs comme les défendeurs se retranchèrent derrière leur compassion pour l'humanité souffrante. Croyez-vous sincèrement que leur

---

[56] Dans un autre passage, plus loin, il dit: "grossiers et inavouables". Toujours le besoin d'ajouter et de dénaturer.

compassion ne cachait pas autre chose?

Mais j'ai mieux à dire. Dans le cours de ses invectives, M. le Rapporteur laisse percer le bout de l'oreille. Il reproduit en les tronquant[57] (funeste habitude!) —les paroles qui terminent mon livre, et il ajoute: "Chacun y applaudirait *si elles n'avaient point de sous-entendu*". Ce sous-entendu, il le dévoile sans ambages: moi aussi je poursuis un intérêt que je n'avoue pas; car, dit-il, "il lui serait facile de rétorquer l'argument". Et non seulement il le rétorque, mais il l'amplifie. On peut dire, continue-t-il, que toutes les fois que des intérêts privés sont touchés par des mesures de salubrité publique, c'est ainsi qu'ils se défendent, en suspectant les intentions de ceux qui réclament ces mesures. Nous pourrions dire que M. *Delboeuf prêche pour sa paroisse*, puisque, n'étant pas médecin, il soigne... les malades..., ce qui constituerait un délit d'exercice illégal de la médecine ".

Voilà le grand mot lâché! Je suis un concurrent, un concurrent gênant et qui sait? peu scrupuleux peut-être. Mais rassurez-vous, cher confrère —M. Ladame me permettra sans doute de lui donner de ce qualificatif cordial, usité d'ordinaire entre ceux qui professent l'art de guérir— rassurez-vous! La curée n'en vaudrait pas la peine. Il ne m'est arrivé que bien rarement de soigner des malades par pur intérêt humanitaire et, dans ce cas, toujours avec le consentement et la collaboration du médecin traitant. Tous les autres, je ne les ai soignés qu'avec l'aveu du médecin, lorsqu'il jugeait impuissantes

---

[57] L'omission équivaut presque à une falsification. Voici le commencement du passage: "En attendant, bien que séparé de *lui* par une frontière politique et par un dissentiment scientifique, et bien que mes compatriotes aient à tout instant invoqué son autorité contre la mienne, je tends la main à mon excellent ami, M. Liégeois. Lui et moi, dans le désintéressement le plus absolu... nous avons cherché la vérité, etc." Ce nous est un pluriel, M. le Rapporteur en fait un singulier. Est-ce que ses insinuations s'adressent aussi à M. Liégeois? Il ferait bien de le dire.

les ressources ordinaires de son art. Et alors, je le faisais dans un but *général*, soit philosophique ou psychologique, soit thérapeutique. Les observations que j'ai recueillies de cette façon ne sont pas sans quelque intérêt, et j'ai renoncé depuis près d'un an à pratiquer l'hypnotisme pour avoir le temps de les rédiger.

Maintenant, Monsieur, vous désirez peut-être savoir ce que ce labeur m'a valu? J'ai fait parfois des voyages au loin; j'ai souvent payé le voyage à des malades indigents; j'en ai indemnisé largement quand ils répugnaient à se prêter à une expérience qui, sans leur nuire, aurait pu être douloureuse (par exemple, l'hypnose substituée au chloroforme); je me suis astreint à aller une année durant trois fois par semaine passer plusieurs heures à l'hôpital pour recueillir des observations sur des individus atteints d'affections graves de la vue; j'ai soigné autant, peut-être même plus de riches que de pauvres; j'en ai hébergé chez moi quand je jugeais utile de les tenir en observation; des médecins ont eu recours à moi pour leurs mères, leurs femmes, leurs filles; et jamais je n'ai accepté de mes *clients* que leur nue reconnaissance.

De temps en temps un aigle ou un vautour des Hautes-Alpes s'égare jusque dans nos contrées pour se jeter sur la chair vivante ou morte d'un pauvre lapereau. Gageons, Monsieur, qu'après le compte que je viens de vous rendre, vous serez peut-être encore jaloux de ma pauvre gloire, mais non de mes profits.

Quant aux médecins, il est faux que je les aie attaqués comme tels. M. le Rapporteur le sait bien, et mes écrits ainsi que mes amitiés (presque tous mes meilleurs amis à Gand comme à Liège sont médecins) protestent hautement contre cette calomnie, que les lecteurs me passent ce gros mot, dont je n'aurais eu garde de me servir si M. Ladame ne m'en avait donné l'exemple. Je regarde la médecine comme un art tout au moins consolateur quand il n'est pas bienfaisant, par conséquent les médecins comme des porteurs de consolations et de bienfaits. Aussi je ne me suis jamais fait faute de les inviter à mes expériences, de leur enseigner mes procédés, de leur donner les indications que me suggérait ma pratique. Ce que j'ai attaqué, ce n'est pas la médecine, c'est l'ignorance alliée à la suffisance. En le faisant, je prévoyais que j'allais ameuter contre moi presque tout le corps médical, car je le répète, les corporations sont bien plus chatouilleuses que les individus. J'ai attaqué, d'une façon générale, ces médecins qui, la veille, avouaient ne rien savoir de l'hypnotisme, en niaient l'existence, et raillaient agréablement M. Delboeuf de sa crédulité, de ses expériences, de ses explications, et qui, le lendemain, le jour même où l'on parla, au nom de leurs intérêts avoués ou déguisés, d'interdire les représentations publiques d'hypnotisme, se posèrent tout d'un coup en gens pour qui l'hypnotisme n'avait plus de secrets, alarmèrent un public qui n'éprouvait aucune alarme, et se coalisèrent contre des forains, oui, contre de pauvres forains, ou des industriels qui avaient plus fait pour répandre la connaissance de l'hypnotisme et forcer l'attention publique que toutes les Facultés et les Académies de l'Univers!

J'ai attaqué les médecins qui, au nom de la morale, revendiquèrent le monopole de l'hypnotisme, comme s'ils avaient le monopole de la moralité. Or les annales — d'ailleurs peu riches— des attentats commis contre les personnes à l'aide de l'hypnotisme, citent aussi souvent, sinon plus souvent, des médecins que des profanes.

J'ai attaqué enfin les médecins —et M. le Rapporteur est de ceux-là— qui reconnaissent que l'hypnotisme est un instrument puissant d'analyse psychologique, et qui voudraient interdire aux psychologistes —et j'en suis— le droit de s'en servir. Et cette prétention inouïe, les plus illustres n'ont pas craint de l'émettre.

Il faut agir avec la bonne foi de M. Ladame, pour

extraire d'une page de mon livre absolument calme et froide, un passage dont on dénature sciemment le sens en vue de recueillir des applaudissements illégitimes. Belle affaire de mettre dans son parti une assemblée de médecins en venant célébrer sur le mode lyrique leur dévouement et leur désintéressement que j'aurais méconnus! Pour l'édification des lecteurs, dont peu certainement connaissent mon travail, tout récent et tiré à un nombre restreint d'exemplaires, je reproduis en note la page où se trouve la phrase incriminée[58].

---

[58] Il s'agit de la transformation des somnambules en instruments criminels — nous voilà déjà bien loin de la question du lucre— et après avoir cité les paroles d'un adversaire de M. Liégeois, je continue en ces termes (p. 103):
   "Voilà justement ce que je pense et dit depuis longtemps. Je demande que l'on cite un fait, un seul fait où un hypnotisé ait été l'instrument d'un crime, non la victime, car ceci est possible. Mais qu'on y prenne garde. La meilleure sauvegarde contre les crimes possibles, c'est la divulgation la plus large des effets du magnétisme. La société a le plus visible intérêt à les connaître. *Ce ne sont pas les magnétiseurs publics qui sont dangereux; mais bien, au contraire, les magnétiseurs privés, les captateurs de successions, les chasseurs de dots, les prêtres, les maîtres, et, en général, tous les détenteurs de l'autorité, les juges d'instruction, terribles ceux-là sans s'en douter.* Pour ma part, le procès Célina Dissy m'a fait penser dès le début que cette malheureuse était une victime de la suggestion. L'affaire Chambige— autant qu'il est possible de la juger de loin— me montre en Mme G.... une victime de l'hypnotisme; je donnerai plus loin la raison de ma présomption. Il faut que chacun sache ce qui en est de l'hypnotisme, quels en sont les bienfaits et les dangers; et c'est non seulement attenter à la liberté, à la justice, à la science, mais encore léser l'humanité et la morale, que de vouloir, en vue de favoriser des intérêts qu'on n'avoue pas, en réserver le monopole à des gens qui, à l'abri d'un diplôme, pourraient faire de la psychologie dans l'ombre.
   "J'ai dit *léser* l'humanité, parce que les dangers physiques de l'hypnotisme naissent de l'hypnotiseur même. Il n'y a pas plus de rapport entre la médecine et le magnétisme, qu'entre la géométrie et la religion, qu'entre la physique et la musique. Je puis avancer hardiment qu'on naît magnétiseur comme on naît coloriste, comme on naît apôtre.

Dans cette page il y a encore une expression que M. Ladame relève, et voici comment, grâce à sa collaboration, ma pensée est complètement dénaturée: "M. Delboeuf va plus loin. A l'*entendre*, ce sont les *médecins* qui ont créé les dangers de l'hypnotisme, *parce qu'ils n'y connaissent absolument rien* et expérimentent de travers. "Qu'on veuille bien relire mes lignes; elles protestent d'un bout à l'autre contre cette interprétation inepte et méchante. Ah! Monsieur Ladame, vous êtes médecin et même aspirant professeur dans le haut enseignement, vous parlez même quelque part de votre conscience. Etendant ce que j'écrivais plus haut, ne suis-je pas en droit de dire qu'un diplôme n'est pas nécessairement un certificat de moralité scientifique? Mais il y a mieux, cette opinion n'est pas de moi. Plus haut (p. 55) je citais M. Bérillon, qui dit exactement la même chose en d'autres termes: "On ne

---

"*Sans doute, l'idéal, c'est le médecin hypnotiseur*, mais avant tout il faut qu'il soit hypnotiseur et psychologiste. S'il veut faire de l'hypnotisme sans être hypnotiseur, à côté de quelques réussites, il enregistrera nombre d'échecs et tout malade entrepris inutilement est généralement un malade perdu pour la cure magnétique.

"Pour le vrai hypnotiseur, il n'y a pour ainsi dire pas de malade réfractaire. On a vu opérer M. Bernheim, et — si j'ose parler de ma pratique restreinte — tous les médecins de Liège et d'autres villes qui m'ont amené leurs clients, savent combien peu j'en ai manqué. Je n'en compte certainement pas vingt sur un nombre supérieur à cent.

" *Que le magnétiseur non médecin ne prescrive pas de remède, cela va de soi. Mais la loi est armée pour cela.* Quant au reste, qu'on laisse, pour Dieu, le monde tranquille! D'autant plus que le magnétisme n'est pas facile à définir. Défendrez-vous donc à un de mes amis, membre d'une haute magistrature, qui, dans son entourage et dans son pays, passe pour guérir le mal de dents par simple attouchement, de faire servir son regard et son index au soulagement de ses semblables? Et pourtant voilà ce qu'on réclame à grand renfort de séances, de brochures et de sophismes."

Je le demande à tout esprit non prévenu, y a-t-il là une ligne blessante pour n'importe qui et spécialement pour la Faculté? Est-ce blesser que différer d'avis? Je laisse au lecteur le soin de répondre.

s'improvise pas plus médecin hypnotiseur qu'on ne s'improvise oculiste. *Nous avons pu nous assurer que la plupart de ceux qui n'ont eu à enregistrer que des accidents ou des insuccès, le doivent uniquement à leur défaut de méthode, à leur inexpérience et à leur incompétence.* Entre les mains d'un maladroit, d'un brutal ou d'un ignorant, il est naturel que l'hypnotisme devienne aussi dangereux que peuvent l'être la digitale et l'opium entre les mains d'un empirique[59]." Vous l'entendez, M. Ladame.

Mais M. Liébeault dit la même chose ainsi que M. Bernheim. Je rappelais, page 69 de mon opuscule, les propres paroles de cet éminent clinicien et professeur: "Je ne crois pas que l'hypnotisme doive rester, comme le bistouri, le monopole du médecin. D'abord ce ne sont pas les médecins qui l'ont inventé. Ensuite les études classiques de médecine et de chirurgie ne font pas l'hypnotiseur[60]." Pourquoi donc M. Ladame n'a-t-il pas excité les colères de l'assemblée contre MM. Liébeault, Bernheim et Bérillon?

Si l'hypnotisme est chose si dangereuse —ce que je conteste,— il doit être réservé aux hypnotiseurs, et non pas plus aux médecins qu'aux géomètres ou aux religieux, qu'aux physiciens ou aux musiciens. C'est clair comme le jour. Je pose en fait que sur mille, dix mille personnes peut-être, il y en a à peine une douée des qualités requises pour l'exercer. Or si, dans nos petites villes, dans nos villages, il se trouve que les médecins établis n'ont pas ces qualités, leur sera-t-il donc interdit d'invoquer le secours

---

[59] Voir *Revue de l'hypnotisme*, 1er mars 1888, p. 281., et *Comptes—rendus*, p. 160.

[60] Une chose excellente. Dans le dernier considérant de son rapport, M. Ladame a écrit et a lu: "*Mais, comme nous devons reconnaître avec M. Delboeuf que* le diplôme de médecin ne sacre pas hypnotiseur, etc...*" les mots soulignés ont disparu dans le texte imprimé. Ne faut-il pas que M. Delboeuf n'ait jamais raison, même quand on lui prend ou que l'on partage ses idées?

de tel ou tel amateur qui les possède?[61] Ne serait-ce pas *léser l'humanité* que de priver les malades de ce secours ou de les exposer à des manoeuvres imprudentes? Il y a en Belgique, à Tellin (Luxembourg), une bonne femme, célèbre comme masseuse. Elle passe pour faire des miracles, et, de fait, elle est, à ce qu'il paraît, merveilleusement adroite. Autrefois nos médecins —ceci est de l'histoire— ne parlaient d'elle qu'en souriant. Aujourd'hui ils lui adressent leurs clients. N'est-ce pas de leur part plus sage que, de masser eux-mêmes sans patience et sans adresse?

M. le Rapporteur va me répondre qu'il ne réclame pas le monopole pour les médecins. Il le dit dans le cours de son mémoire: "Je ne sache pas, dit-il, qu'aucun médecin ait jamais vraiment demandé pour le corps médical le monopole de l'hypnotisme." Non? Vraiment? Cependant je lis à la dernière page: "L'interdiction des séances publiques est une simple mesure de police qui ne peut suffire aux exigences nouvelles créées par l'avènement de l'hypnotisme dans les sciences médicales. *Ce n'est même qu'un des petits côtés de la question.* Nous demandons davantage.... L'emploi de la thérapeutique suggestive doit rentrer, comme tout autre agent médical, dans les lois et règlements qui régissent l'art de guérir[62]."

---

[61] Voici par exemple une lettre que, la veille de mon départ pour Paris, je recevais d'un médecin chargé d'un service à un hôpital de Liège: "Monsieur Delboeuf, Vous obligeriez une de nos meilleures familles du.... celle de M.........à......., si vous vouliez vous y rendre pour magnétiser sa dame, souffrant d'une maladie nerveuse depuis longtemps déjà. Si vous acceptez de rendre ce service, je vous prie d'informer M.... du jour et de l'heure de votre arrivée à la gare de.... " où la voiture viendra vous prendre. Recevez, etc. (signé) le Dr X. — Le docteur... est le médecin traitant." Dites-moi, M. Ladame, dites-moi ce que j'aurais dû faire. — N. B. Cette lettre est reproduite intégralement, je n'ai supprimé que les noms propres.
[62] Ce sera même une mesure salutaire à d'autres titres. Elle coupera l'herbe sous le pied à M. Delboeuf, n'est-ce pas, M. le Rapporteur?

70

Que signifie ce bloc enfariné? Il sera donc permis à chacun d'hypnotiser son semblable pour s'amuser ou s'en amuser, de le rendre même malade, —pourvu que ce ne soit pas en public, mais il lui sera interdit même de le soulager d'une migraine. Si le Christ revenait sur la terre, on aurait bientôt fait de le mettre, par l'amende et la prison, dans l'impossibilité de guérir par sa parole les perclus et les paralytiques. Et comment va-t-on se comporter avec Notre-Dame de la Salette, Notre-Dame de Lourdes et leurs contrefaçons, qui font visiblement de la thérapeutique suggestive? Mais peut-être n'aura-t-on pas contre ces dernières puissances, le courage que l'on a montré contre les somnambules de foire!

Eh bien, je demande, moi, tout simplement, que chacun puisse faire de l'hypnotisme public ou privé sous sa propre responsabilité. Survient-il un accident? la loi répressive est là, et la victime peut réclamer des dommages et intérêts. Que faut-il donc davantage? Faut-il que, juste cent ans après la Révolution française qui a aboli les maîtrises et les jurandes, on vienne revendiquer pour toute une classe de citoyens, dont un sur cent peut-être aura les aptitudes voulues, à côté d'autres droits surannés, le droit d'hypnotiser impunément, lorsqu'on déclare l'hypnotisme chose éminemment dangereuse! C'est là un pur défi à l'histoire et au bon sens. Voyez à quelles conséquences conduisent ces règlements et ces lois d'un autre âge! C'est à Pasteur sans contredit que la médecine doit ses plus précieuses découvertes, qui l'ont élevée de l'empirisme à la science. Or, Pasteur n'est pas médecin; on le lui a rappelé. Il n'a pas le droit d'opérer lui-même; il ne peut que former des élèves qui opèrent pour lui! En quoi cette collaboration est-elle plus légale que celle d'un médecin et d'un hypnotiseur forain?

Je suis bien plus long que je ne le voudrais et surtout que je n'espérais l'être. Mais tout est étrange dans ce rapport. On y débute par un dithyrambe en l'honneur de la liberté —qu'on se propose d'étrangler— puis on passe immédiatement à des attaques injurieuses et d'une suprême inconvenance contre quelqu'un qui n'est pas là pour se défendre et qu'on représente comme mon client! M. Ladame a recours aux termes les plus violents du vocabulaire français: il traite "mon client" tour à tour de "magnétiseur de tréteaux, de misérable, de criminel, de scélérat"[63]. On dirait que Donato l'a ruiné par une concurrence déloyale. Ce qu'il y a de particulier, c'est que dans mon ouvrage, cité par M. Ladame, je ne parle pas des magnétiseurs publics, et que les noms de Donato et de Hansen n'y figurent qu'en passant, en note, page 65, 99 et 114!

Puisque donc M. le rapporteur fait de moi l'avocat des "magnétiseurs de tréteaux", j'accepte le rôle et garderai encore un instant la parole pour défendre des gens qui auraient trouvé en moi un défenseur, si j'avais assisté à la séance. Le point de mire, la tête de Turc de tous les coups de poing assénés par la vaillante main de M. Ladame, c'est Donato. Dussé-je maintenant m'exposer aux cris réprobateurs du Congrès et aux coups de foudre de M. Ladame, je dirai que la seule fois que j'ai été en relation verbale et expérimentale avec Donato —c'était l'année dernière— j'ai appris quelque chose en causant et expérimentant avec lui. Il m'a montré des phénomènes qui étaient en apparence des phénomènes de communication de pensée, et pour lesquels je ne trouvais pas d'explication. Ces phénomènes ne sont pas susceptibles, vu leur délicatesse d'être exhibés sur la scène. M. Donato, avec une bonne grâce dont je lui sais infiniment gré, et je tiens à le dire dans ces pages, m'en a donné l'explication *scientifique*. Cette explication m'a frappé; il y a là une mine nouvelle et —à première vue— extrêmement féconde d'explorations psychologiques. Pour ma part,

---

[63] J'ai commis ici un *lapsus oculi*. Voir plus loin: la réplique de M. Ladame, p. 76, et mes observations, p. 82.

lorsque j'aurai le temps, j'en ferai usage et rendrai publiquement à son inventeur l'hommage légitime qui lui est dû.

Je l'ai dit, et je ne me dédis pas, le monopole est l'ennemi du progrès, et ce sont, non les médecins, mais les magnétiseurs publics – quel que soit l'intérêt qui les pousse, et que je trouve, quant à moi, parfaitement avouable —qui ont imaginé la plupart des méthodes d'hypnotisation. Où en serait encore le magnétisme sans les Puységur, les Faria, les Noiset, les Dupotet, les Lafontaine, les Mouls, les Donato, les Hansen, les Focachon, tous gens qui n'étaient pas médecins? Seraient-ce les Roussel, les Dubois d'Amiens, les Burdin et autres académiciens qui l'auraient mis en honneur? Et quant aux médecins qui s'étaient convertis au magnétisme, les Deslon, les Husson, les Braid, les Liébeault, comment ont-ils été accueillis par leurs confrères? A la Salpêtrière, M. Voisin[64] vient de porter un toast au docteur Liébeault. Reconnaissons-le de bonne foi, l'hommage est bien tardif; il y a quarante ans que le docteur Liébeault croit au magnétisme, trente ans qu'il le pratique, pauvre et méconnu, sacrifiant à son idée la plus belle des clientèles, vingt-trois ans qu'il a publié son premier livre qui passa inaperçu et dont tout le monde parle aujourd'hui sans l'avoir lu.

Oui, Monsieur, vous avez beau tonner contre l'abus de la réclame; vous avez beau dénoncer aux colères du Congrès par vos plus véhémentes apostrophes, "le magnétiseur des tréteaux", son nom vivra dans l'histoire plus que le vôtre, à moins qu'elle ne les accole tous deux comme ceux du persécuté et du persécuteur. .

Ce n'était pas sur ce ton que le 26 décembre 1880, votre compatriote, M. le docteur Marc Dufour, président de la Société de médecine, écrivait à Donato, dans un

---

[64] Je me suis trompé. C'est M. Van Renterghem d'Amsterdam.

rapport livré à la publicité.

Voici comment il s'exprimait: "Cher Monsieur, je viens vous témoigner ma vive reconnaissance pour l'obligeance avec laquelle vous avez consacré la soirée de l'autre jour à pratiquer chez moi des expériences sur l'hypnotisme et le somnambulisme. Elles ont vivement intéressé ceux de mes collègues qui étaient présents[65].

"Pour résumer ce qui s'était passé, vous avez, expérimentant sur des jeunes gens de notre ville, dont trois ou quatre m'étaient personnellement connus, produit les phénomènes suivants. (Ici la relation des expériences faites.) Veuillez agréer encore l'expression de mes sentiments de gratitude et recevoir l'assurance de ma parfaite considération."

A cette époque, aucun docteur de Suisse ne croyait au magnétisme; tous s'imaginaient que les expériences de Donato étaient des effets de prestidigitation et de compérage. Un membre de l'Académie de Lausanne, aujourd'hui mon collègue à l'Université de Liège, M. le professeur de Senarclens, qui était l'un des invités chez M. Marc Dufour, a corroboré cette information de son témoignage formel. Quelque temps après M. Ladame publiait un ouvrage en collaboration avec M. Strohl, pharmacien. Les expériences qu'il rapporte comme étant siennes, avaient été faites auparavant par Donato, à Neuchâtel, à la Chaux-de-Fonds, au Locle, etc.! Dans ce livre, il commençait sa campagne contre Donato: ses

---

[65] Voici les noms de la plupart de ces collègues (ils étaient vingt-cinq): M. le Dr Marc Dufour, président de la Société de médecine; MM. les Docteurs Recordon, vice-président du Conseil de santé; Challand, directeur de l'asile d'aliénés au bois de Céry; de Séranville, médecin en chef à l'hôpital cantonal; de Miéville, de Nyon; Gillieron de Chèbres; Kaiser, médecin suppléant à l'asile d'aliénés du bois de Céry; Alfred Secrétan, de Lausanne; Louis Secrétan, *ibid.*; Charles Secrétan, *ibid.*; Hochrutiner, *ibid.*; Chavannes, *ibid.*; Rogivu, *ibid.*; Hausamann, *ibid.*; Dumur, *ibid.*; de Cergeat, *ibid.*; Her, *ibid.*; Pélissier, *ibid.*; Larguier des Bancels, *ibid.*; etc., etc.

pratiques, à lui, étaient salutaires, celles de Donato étaient dangereuses; il avançait qu'une *dame de Saint-Imier avait des crises nerveuses répétées depuis le passage de Donato dans cette ville.* Or Donato n'a jamais été à Saint-Imier, ni dans les environs et n'a, en Suisse, hypnotisé en tout que quatre dames qui se portent à merveille. Dans son rapport, il parle de "*un cas de viol pendant l'hypnotisme qui eut lieu peu de temps après le passage du célèbre magnétiseur*'". Peut-on plus perfidement distiller la calomnie et faire un plus odieux usage du *post hoc, ergo propter hoc?* L'affaire, qui était une affaire de chantage, s'est terminée par une ordonnance de non-lieu, et la prétendue victime a été blâmée. Et quand même le viol eût été réel, où est la relation? Les viols datent-ils de l'apparition de Donato sur la scène du monde? – Je ne relève pas les assertions qui suivent, elles n'en valent pas la peine.

MM. les professeurs de Nancy ont rendu un hommage public à la bonne foi et à la courtoisie de M. Hansen, qui leur a enseigné avec la plus grande complaisance tout ce qu'il savait. Moi-même, dans mon livre sur *La liberté des représentations publiques d'hypnotisme*, j'ai tenu à rendre un hommage semblable à M. Canivez, connu sous le nom de Léon. Il faut en conclure que M. Marc Dufour, les professeurs de Nancy et moi ne poussons pas si loin que M. Ladame le sentiment qu'un moraliste a défini l'indépendance du coeur.

Et maintenant, veut-on savoir pourquoi M. Ladame tonne sur moi avec cette véhémence? C'est parce que, dans un livre qu'il se garde de citer et qui traite cependant tout spécialement de la question qui fait l'objet de son rapport, je termine mon abrégé historique du magnétisme animal par l'apparition de Donato en Suisse, la mention de la lettre de M. Marc Dufour, le scepticisme obstiné du docteur Rouge, chirurgien de l'hôpital cantonal de Lausanne, qui, invité, se dispensa de venir, et par un mot sur M. Ladame "qui doit tout ce qu'il sait à Donato, et qui ne craint pas de mordre le sein qui l'a nourri".

Que Dieu me garde d'être un jour obligé de recourir aux bons soins de M. Ladame! Sa rancune est tenace et terrible. Je suis sûr de tomber de la bradypepsie dans la dyspepsie, l'apepsie et la mort. —*Quod numen avertat*!

QUATRIÈME PARTIE
APRÈS LE CONGRÈS.

Réplique de M. le docteur Ladame.

Cette réplique se trouve à la fin des *Comptes rendus*. Je la reproduis intégralement.

"J'aurais pu me dispenser pour deux raisons d'écrire cette réplique.

"D'abord, M. Delboeuf se charge lui-même d'apporter les meilleures preuves de la justesse et de l'opportunité de mon argumentation. Il répète, en les aggravant, les accusations contre lesquelles je me suis élevé au Congrès, et imprime tout au long des citations de sa brochure qui confirment absolument les appréciations de mon rapport.

"Puis, il se place sur un terrain où je ne le suivrai pas. Sa réponse n'est, en effet, d'un bout à l'autre qu'un tissu d'invectives personnelles contre moi.

"Tout cela n'a que faire avec l'interdiction des séances publiques d'hypnotisme. Je n'y répondrai rien.

"Je me bornerai aux déclarations suivantes:

"1^0 Lorsque le comité du Congrès me chargea de faire le rapport sur la première question du programme, je voulus étudier les arguments de nos adversaires afin de les réfuter. J'appris par hasard que M. le professeur Delboeuf (de Liège) —qui n'est pas le premier venu— venait précisément de publier une brochure sur la matière, dans laquelle se trouvait "un plaidoyer contre les médecins ou les corps officiels qui veulent s'attribuer le monopole de l'hypnotisme, et aussi bien contre les municipalités timorées qui en interdisent les représentations publiques". (Tarde, *Archives de l'Anthropologie criminelle*, 15 juillet 1889, n° 22, p. 501.) Je fis venir immédiatement cette brochure, et voilà pourquoi M. Delboeuf est cité dans mon rapport. Je dois reconnaître maintenant que je lui ai fait trop d'honneur, et j'avoue que j'ai eu tort de le prendre au sérieux et d'attacher à ses opinions une importance qu'elles n'ont pas[66].

"2° Je n'ai jamais vu ni lu le fameux volume *que je feins de ne pas connaître et que je me garde de citer* selon M. Delboeuf; j'en demande bien pardon à l'auteur, et à mes auditeurs du Congrès qui ont évidemment beaucoup perdu. J'ignorais absolument que M. Delboeuf eût dit ce mot épouvantable sur M. Ladame "qui doit tout ce qu'il sait à Donato et qui ne craint pas de mordre le sein qui l'a nourri". Cette seule citation promet une riche moisson dans le volume traitant de "la liberté des représentations publiques", et je ne puis me consoler de ne pas avoir pu en faire à temps mon profit.

"3° Je renvoie à la brochure de M. Delboeuf sur le Magnétisme animal (p. 55, 65, 99,105, la note etc.), tous ceux de mes lecteurs désireux de s'assurer que je n'ai jamais dénaturé sa pensée, comme il m'en accuse à tout propos. Je l'ai toujours rendue, au contraire, le plus scrupuleusement que je l'ai pu, en me servant de ses propres expressions.

"4° Les personnes qui auront lu la réponse de M. Delboeuf et qui reliront mon rapport pourront constater que, nulle part, je ne traite les magnétiseurs de criminels, de misérables et de scélérats comme il ose l'affirmer. Je laisse les lecteurs juge de ce procédé. Ai-je besoin d'ajouter que je n'attache aux mots "magnétiseurs de tréteaux" aucune qualification injurieuse? Où M. Delboeuf a-t-il donc trouvé que ces mots font partie "des termes les plus violents du vocabulaire français?"

"5° M. Delboeuf, qui parle si vite de falsifications de textes, lorsqu'on ne reproduit pas *in-extenso* des pages

---

[66] Mes opinions ont donc perdu de leur importance parce que je ne me suis pas laissé étrangler sans crier?

entières de ses oeuvres, cite (p. 73 ci-dessus) un passage de mon livre sur la "Névrose hypnotique" qu'il souligne en ces termes "qu'une dame de Saint-Imier avait des crises nerveuses répétées depuis le passage de Donato dans. *cette ville*". Pour rétablir le texte, il faut supprimer ces trois derniers mots, ajoutés par M. Delboeuf, qui les trouve utiles pour démontrer triomphalement que j'avance une erreur, puisque Donato n'a jamais été à Saint-Imier. Or, les habitants de ce village (Saint-Imier n'est pas une ville) peu éloigné de la Chaux-de-Fonds, se rendaient en foule aux représentations du célèbre magnétiseur!

"6° Je n'ai jamais assisté aux séances de Donato, pendant son séjour en Suisse, ni à la Chaux-de-Fonds, ni au Locle, ni à Neuchâtel, ni à Lausanne, etc. Je ne connais pas Donato; je n'ai jamais été, ni de près ni de loin, en relation avec lui, et j'ignore par conséquent ce qu'on peut apprendre à son école.

"7° Quant au cas de viol qui eut lieu à la Chaux-de-Fonds, peu de temps après le passage de Donato (c'était pendant l'hiver 1880-1881), j'ai publié le rapport, qui m'a été demandé sur cette affaire par M. le Procureur général du canton de Neuchâtel dans les *Annales d'hygiène publique et de médecine légale*, numéro de juin 1882, p. 518, auquel je renvoie le lecteur qui désirerait connaître le cas dans tous ses détails. Chacun sera pleinement convaincu par la lecture de ce rapport que le susdit cas de viol était en étroites relations avec la "fièvre de magnétisme" sévissant à la Chaux-de-Fonds après les séances de Donato."

Quelques observations sur la réplique de M. le Dr Ladame.

1° M. Ladame regrette de m'avoir fait trop d'honneur en me citant. M. Ladame n'est pas l'inventeur de la phrase, mais il est au nombre de ceux qui savent l'appliquer à propos. Seulement il dénote par là qu'il a assez bonne opinion de lui-même. Je suis plus modeste. Je ne me flatte pas de lui avoir fait honneur en m'occupant de lui.

M. Ladame débute par avancer que les passages tirés de ma brochure et intercalés dans ma réponse, *confirment absolument* les appréciations de son rapport. Quelle heureuse confiance dans son infaillibilité! Je désespère de l'ébranler. Essayons toutefois.

Le rapport de M. Ladame, notablement abrégé et édulcoré, a été inséré dans la *Revue de l'hypnotisme* de septembre. Comme la *Revue* ne mentionnait pas mon absence, qu'elle n'annonçait pas ma réponse, et qu'elle se bornait à faire connaître le vote prétendument émis à l'unanimité moins une voix, le lecteur a naturellement été porté à croire que je m'étais honteusement tu, courbant la tête sous les anathèmes de M. Ladame. Cette méprise me valait un article assez vert de la *Gazette médicale de Liège* du 31 octobre 1889[67], que le signataire, M. le docteur

_____

[67] Dès l'apparition de la livraison, je me suis plaint à M. Bérillon de ce que, par l'omission de circonstances essentielles, il donnait à croire à ses lecteurs que j'avais assisté muet à la séance et que la voix unique qui avait voté contre les conclusions du rapport était la mienne, ce qui en faisait une voix honteuse. M. Bérillon ne tint nul compte dans le numéro suivant de mes justes réclamations. Aussi la *Gazette médicale* verse en plein dans l'erreur. "Nous ne savons, dit-elle, si M. Delboeuf a répondu à tout cela. Ce que nous savons, c'est que, au Congrès de l'hypnotisme, *il a été seul* de son avis pour voter contre les conclusions suivantes, approuvées par des hommes comme Ballet, Masoin, Dumontpallier, *Bernheim* et Auguste Voisin." Et voilà comment M. Bérillon, tout en ne disant que la vérité, arrive, par des

Merveille, s'empressa de m'envoyer le jour même — exemple qu'on ferait bien de suivre à Genève. Je me suis borné, dans ma réponse à la *Gazette*, à reproduire le passage[68] qui, à en croire M. Ladame, confirme absolument les appréciations de son rapport, et à faire observer que je ne m'étais pas servi des termes "*intérêts grossiers et inavouables*". La *Gazette*, non-seulement inséra ma lettre —exemple qu'on ferait bien d'imiter à Paris, rue de Rivoli, 40 bis— mais la fit précéder du paragraphe suivant, qui tempérera peut-être la satisfaction de M. Ladame:

"Nous sommes heureux d'insérer la lettre suivante de M. le professeur Delboeuf, en réponse à notre dernier article. Elle montre que les accusations d'injure à l'adresse du corps médical reprochées à son auteur par un privatdocent de Genève, M. Ladame, ne sont nullement justifiées. Tout ce que nous avons écrit, nous l'avons fait sous réserves *sur les dires de cet honorable: il paraît que notre auteur ne méritait pas une telle confiance* et nous ne pouvons que nous féliciter d'avoir provoqué cette constatation. Quant aux paroles que M. Delboeuf nous reproche d'avoir mises entre guillemets, personne n'a pu penser que nous voulions les lui attribuer: *c'était une paraphrase du passage cité par M. Ladame, n'ajoutant rien au texte produit par lui*[69].

"En ce qui regarde le fond de la question, nous proclamons hautement notre incompétence (contrairement à ce que pense M. Delboeuf) et nous regrettons vivement de ne pas avoir le loisir de recourir comme beaucoup de nos confrères, aux lumières et à l'obligeance de

---

omissions involontaires et obstinées, à falsifier l'histoire.

[68] Reproduit en entier dans ma réponse à M. Ladame, p. 65. C'est cette citation que M. Ladame juge beaucoup trop longue. A son point de vue, il a raison.

[69] Preuve irréfragable que, isolé comme il l'était, on en dénaturait odieusement le sens.

l'honorable professeur, pour nous initier à une science dans laquelle il est passé maître. Nous laisserons donc à d'autres le soin de combattre une thèse qui a certainement contre elle l'immense majorité du corps médical."

Quant à l'autre point que ma réponse ne serait qu'un tissu d'invectives personnelles contre lui, en supposant qu'il fût vrai, ce qui n'est point, je n'aurais fait qu'agir comme cet animal très méchant qui se défend quand on l'attaque.

Que les invectives personnelles n'aient rien à voir dans la question de l'hypnotisme, c'est là une sage réflexion que M. Ladame a eu le grand tort de ne pas faire plus tôt.

1° M. Ladame n'a pas lu mon livre sur la *Liberté des représentations publiques d'hypnotisme.* Puisqu'il voulait faire état de mes opinions pour les réfuter, c'était là que son devoir lui commandait de les aller chercher. Il y aurait vu en même temps que MM. Liébeault, Liégeois, Bernheim et Morselli sont venus *spontanément* m'apporter leur appui, et il aurait pu lire leurs lettres si catégoriques. Dans mon livre sur le *Magnétisme animal à propos d'une visite à l'école de Nancy,* je ne touche à la question qu'à propos de cette visite même, et très incidemment. Ce qu'en a rappelé M. Ladame, c'est à peu près tout; et je me demande toujours par quel mystère de seconde vue, n'ayant lu que ce livre, il a fait de moi l'avocat de Donato, dont je ne parle pas. Est-ce que quelqu'un lui aurait soufflé que c'était là une excellente entrée en matière? Quant à la phrase où je le jugeais si sommairement et qu'il accueille avec dédain, bien des pages précédentes l'ont déjà justifiée en grande partie. Je me réserve de parfaire la justification dans quelques instants.

2° Voici intégralement les notes auxquelles M. Ladame renvoie le lecteur —procédé commode pour avoir l'air de ne pas craindre la discussion tout en l'évitant.

La première (p. 55) se rattache à la citation de M.

Bérillon, reproduite dans ma réponse, page 67. "Depuis lors, la Revue, qui avait même publié un article tout à l'éloge de Donato (1er février 1887, p. 249), penche vers l'opinion que tout médecin est de par son diplôme hypnotiseur."... Première mention du nom de Donato. Elle décèle déjà une plume exercée au maniement de la louange.

La seconde (p. 65) est ainsi conçue: "N'a-t-on pas émis la prétention de réserver l'hypnotisme aux médecins "pour faire des *expériences de physiologie et de psychologie*" (lettre de M. Charcot à M. Menotti)? Puis on s'élèvera contre les représentations publiques de Donato, qui n'ont jamais causé de mal sérieux à personne." (Mention analogue p. 114.) Dans le passage auquel cette note se réfère, je m'élève contre l'usage de faire servir les malades de sujets d'expériences. Le coeur de médecin de M. Ladame juge peut-être cet usage humain. Pour moi, je pense que les expériences de recherche doivent, autant que possible, se faire avec des sujets sains. Or, ces expériences, chacun doit avoir le droit de les faire, sous sa propre responsabilité si le sujet y consent. Maintenant que l'on convoque dix ou cent ou mille personnes à ces expériences, je n'y vois aucun mal, au contraire.

Page 99 enfin, je cite encore une fois en passant le nom de Donato. C'est à propos du docteur Girault, d'Onzain (Loir-et-Cher), invoqué comme une autorité dans le rapport de M. Masoin, à l'Académie de médecine de Belgique. C'est le docteur Dufay, une autre autorité, qui parle: "Le docteur Girault m'avait plusieurs fois rendu témoin d'expériences sur cette fille (sa servante) qu'il magnétisait à peu près tous les jours. Lorsqu'il était appelé à la campagne, il endormait Marie avant de partir et la questionnait sur l'état du malade qu'il allait visiter de sorte que, disait-il, il savait *positivement* —mettons seulement *approximativement*— quels médicaments il devait emporter.

Je m'empresse de déclarer que je n'ai jamais été à même de vérifier la clairvoyance de Marie dans ces cas de diagnostic à distance, ou même de près; ce que j'ai vu, je vais le dire."

"Et il faut lire ce qu'il a vu. Endormie, la servante a assisté à la mort d'une de ses connaissances en Crimée. Elle s'est transportée en Afrique, a passé la Méditerranée et a eu le mal de mer; a demandé son chemin à des Arabes qu'elle prenait pour des femmes, s'est fait conduire près d'un ami du docteur Dufay, malade de la dyssenterie, et a regretté qu'on ne lui donnât pas du *plantain*, remède souverain en pareil cas. Il faut lire cela. (Communication à *la Société de psychologie physiologique*, par le docteur Dufay, *Revue phil.* du 1er février 1889, p. 208 et suiv.) Mais je veux ici me borner à relever une seconde fois (voir mes *Lettres à M. Thiriar*, p. 95) le fait que le Dr Girault magnétisait tous les jours ou à peu près sa servante pour en obtenir le diagnostic à distance des maladies de ses clients et l'indication des remèdes à leur prescrire; que de plus, cette pauvre fille, ainsi manipulée, finit par être accusée d'un vol dont elle n'était pas coupable. Je voudrais qu'on me citât un fait analogue authentique à la charge de Donato et de Hansen."

Si c'est là un éloge de Donato, il faut avouer qu'il est mince. Page 105. —La note est reproduite dans ma réponse, pages 60 et 61.

L'*etc.* est du luxe; ma brochure a 115 pages. Le lecteur a maintenant les notes sous les yeux. Il admirera sans doute l'aplomb avec lequel M. Ladame ose dire: "Je renvoie à la brochure de M. Delboeuf (p. 55, 65, 99, 105, etc.) ceux de mes lecteurs désireux de s'assurer que je n'ai pas dénaturé sa pensée." (Relire le passage.)

Ces notes, si M. Ladame avait voulu être loyal, il les aurait fait imprimer dans le volume du Congrès, au lieu de se borner à y renvoyer les lecteurs. Mais il a préféré *spéculer* sur leur paresse. Il est grand spéculateur,

M. Ladame. Pour lui, il n'aura pas à me faire le même reproche; je reproduis *intégralement* ses moindres lignes —toujours sans croire lui faire honneur.

    3° Ici je fais sincèrement mon *mea culpa*. Je n'ai eu en main que pendant quelques jours le mémoire de M. Ladame. Je l'ai lu pour la première fois en chemin de fer, en revenant de Paris à la campagne, le 15 août. Puis j'ai rédigé en hâte ma réponse —on m'avait dit que l'on était pressé— et je l'ai envoyée au bout de quatre ou cinq jours. Je ne lus attentivement dans le mémoire que les passages qui me concernaient. Il m'était resté comme un souvenir que M. Ladame avait traité les magnétiseurs publics de *scélérats*, de *misérables*. Quand j'ai eu pris connaissance de sa réplique, j'ai repassé plusieurs fois son rapport sans retrouver ces épithètes, et j'en étais vraiment tourmenté. —C'est que je m'arrêtais toujours trop tôt.— J'ai fini par les retrouver. Je confesse qu'elles ne s'appliquent pas aux magnétiseurs publics, mais à certains spectateurs: "Les conséquences des représentations publiques sont, dit-il..., 3° l'éducation de *misérables* qui trouvent dans ces séances des leçons, etc... et cela suffirait pour démontrer la nécessité de l'interdiction de spectacles publics où les *scélérats* peuvent s'initier..."

    Ma mémoire m'a joué ici un tour que je regrette; mais ce tour est-il pendable?

    Quant à l'expression de "magnétiseur de tréteaux", M. Ladame n'y attache aucune qualification injurieuse. Tel est peut-être l'usage en Suisse. Pour moi, j'ouvre le dictionnaire de l'Académie et j'y lis ceci: "Tréteaux se dit souvent au pluriel d'Un théâtre d'opérateur, de saltimbanque, de farceur et, par extension, d'Un théâtre où l'on représente des pièces bouffonnes et populaires: *"c'est un comédien qui 'n'est bon qu'à monter sur des tréteaux. Cette pièce est ignoble et digne des derniers tréteaux de nos boulevards. Il faut renvoyer cette pièce aux tréteaux de la foire.*" Mais je crains vraiment, en donnant une seconde leçon de français à M. Ladame, que cela ne sente trop son pédant.

Une question toutefois. Qualifierait-il ainsi son confrère, le docteur Philipps (M. Durand de Gros) qui, lui aussi, dans le temps, a joué —mais plus obscurément, parce qu'il venait trop tôt— le même rôle que Donato? et accepterait-il, ainsi que M. Strohl, que je l'affuble de cette épithète? Et cependant, c'est indéniable, il est monté, avec M. Strohl, sur les mêmes tréteaux que Donato.

4° Il paraît que j'ai falsifié un passage de M. Ladame, en ajoutant les mots *dans cette ville.* Supprimons-les donc pour rendre au texte sa pureté: "Une dame de St-Imier a eu des crises nerveuses après le passage de Donato." Mais non! ce n'est pas encore là le texte pur. Le seul vrai, le seul authentique, le voici: "On m'a parlé d'une dame de St-Imier qui a des crises répétées depuis le passage de Donato." Eh bien! ce texte *pur* (!) est plus perfide encore qu'un mensonge. J'ai plus que jamais le droit de dire: "Peut-on faire un plus odieux usage du *post hoc, ergo propter hoc?*" J'ajoute: "et de l'autorité de M. On". Je donne la phrase à lire à mille lecteurs, il n'y en aura pas un qui ne comprenne que Donato a passé par St-Imier, qu'il y a hypnotisé une dame et que depuis lors, cette dame a des crises nerveuses. C'est ainsi que je l'ai entendu moi-même. Aussi le passage n'est pas mis entre guillemets. Mais, au fond, quelle importance a la rectification? Que Donato ait ou n'ait pas passé par St-Imier, la question est de savoir s'il y a une dame qui a été hypnotisée par Donato et qui, depuis lors, a des crises nerveuses. M. Ladame a préféré laisser ce point dans un vague favorable à sa thèse, dût-il en résulter un préjudice pour une tierce personne qui ne peut se défendre. Or, ce point a été l'objet d'un démenti, que M. Ladame ne relève pas.

Qu'après, cela, pour faire prendre le change, il me donne une petite leçon de géographie, qu'il m'apprenne que St-Imier est un *village* dont les habitants se rendaient *en foule* aux représentations (pluriel) de Donato; je l'en remercie, et j'essaierai désormais de faire un usage judicieux des termes *ville* et *village*; je dirai le village de Saint-Imier (qui compte 7000 habitants) et la ville de Locarno (qui en compte 2600).

5° "M. Ladame n'a jamais assisté aux séances de Donato, pendant son séjour en Suisse... Il ne connaît pas Donato etc." Je n'ai garde de douter de la parole de M. Ladame. Mais voici textuellement ce qu'il écrit dans son rapport: "*Toutes les fois* que je me suis rendu à ces représentations (dans ce qui précède on ne parle que des représentations de mon *client*), j'en suis sorti sous une impression pénible, et ma conscience de médecin s'est révoltée contre les tristes spectacles auxquels *je venais* d'assister. Voilà pourquoi *je proteste depuis* DIX *ans* contre ces exhibitions." Or c'est dans la seconde moitié de 1880, il y a donc neuf ans, que Donato est allé pour la première fois en Suisse, où, avant son passage, l'hypnotisme était inconnu; (voir page 73 de ma réponse). Où peuvent donc bien avoir eu lieu ces représentations auxquelles a assisté M. Ladame, et qui, depuis dix ans, révoltent sa conscience de médecin? — N'en parlons donc plus: M. Ladame n'a jamais vu Donato. Pour ce qui est de cette autre assertion qu'il ignore ce qu'on peut apprendre à son école, je vais bientôt lui montrer que tout ce qu'il sait vient de là.

6° Quant à l'épidémie de "manie hypnotique" qui aurait sévi à Neuchâtel et à la Chaux-de-Fonds, après les séances de Donato, et quant aux cas de "maladies nerveuses survenues chez les personnes qui avaient assisté à ces spectacles", il faut reconnaître que je joue de malheur. J'habite Liège, qui n'est pas comme St-Imier un simple village. C'est une ville de 150.000 habitants, et elle est le centre d'une agglomération de près de 300.000 habitants. C'est ici que Donato, qui en est originaire, a peut-être fait ses plus longs séjours. Il y a donné à plusieurs reprises, à partir de 1875, sinon de 1874, des séances pendant des semaines consécutives. Nous y avons eu Hansen, et nous y avons eu Léon, celui-ci un très grand nombre de fois et encore tout récemment. Dans le désir de connaître la vérité, je me suis mis en rapport avec leurs sujets habituels, je les ai attirés chez moi, je les ai interrogés adroitement pour savoir s'il n'était pas venu à leur connaissance que des accidents auraient suivi ces séances; j'ai poursuivi et fait poursuivre par d'autres mon enquête: j'ai interrogé les médecins —avec qui, par parenthèse, je suis très bien— ; j'ai fait des appels par la voie de la presse; et je n'ai rien appris, *rien*, RIEN. L'article même de la *Gazette médicale cité* p. 79, confirme implicitement mon dire.

M. Ladame se targue d'avoir fait interdire les représentations du magnétiseur Onofroff, parce qu'il avait "donné à ses sujets des suggestions posthypnotiques de nature à troubler l'ordre public, en les envoyant, à l'heure de midi, accomplir des pantomimes sur l'une des places les plus fréquentées de la ville". Hélas! Donato, avant M. Onofroff, nous a procuré ces spectacles *à plusieurs reprises* à Liège, en mars 1885, à ma connaissance le 20 et le 22, dans plusieurs endroits consécutivement le même jour. Faites-moi donc le plaisir de me dire, ô mon contradicteur au coeur sensible et à la conscience timorée, comment on saurait que ces sortes de choses sont possibles, si quelqu'un ne les produisait pas. Et dites-moi encore si vous connaissez un moyen aussi efficace que celui-là pour persuader aux gens que l'hypnotisme a ses côtés dangereux. Et quel mal en est-il résulté? Aucun. Chez nous, l'ordre public n'a pas été troublé, que je sache: et pourtant sur la place St-Lambert, le 22 mars, il y avait plus de cinq mille personnes accourues à ce spectacle. N'aurais-je donc pas après cela le droit de dire que c'est attenter à la liberté, à la justice, à la science, à l'humanité, à la morale, que de vouloir mettre cette lumière qui émane des représentations publiques, à l'ombre des laboratoires de médecine ou des cabinets de consultation?

Reste le cas de viol. M. Ladame, sans nier mes allégations, renvoie le lecteur (ce pauvre lecteur est bien souvent renvoyé par M. Ladame) aux *Annales d'hygiène*, 1882, p. 518. M'est avis qu'il eût été bien plus pratique et plus topique d'apporter des documents authentiques établissant qu'il ne s'est pas agi là d'une affaire de chantage et que le juge n'a pas rendu une ordonnance de non-lieu.

Voici comment déjà dans mes *Lettres à M. Thiriar*, j'avais discuté le cas, en m'attachant à la narration telle que l'avait présentée l'orateur.

Consentez-vous, Monsieur, à ce que j'aborde votre seconde histoire? Elle est courte:

"Dans la Suisse romande (nous·voilà maintenant en Suisse: à Ilanz? à Reichenau? à Disentis? que c'est commode pour la critique!), un magnétiseur donna des représentations d'hypnotisme. Une jeune fille fut violée, pendant la léthargie hypnotique, par un des spectateurs de ces séances, qui bénéficiait ainsi de l'enseignement de l'hypnotiseur!"

Quoi, Monsieur! un spectateur a violé une jeune fille, dans la léthargie hypnotique, comme cela, en plein spectacle, et on l'a laissé faire? Etait-ce pour démontrer *coram populo* les dangers de l'hypnotisme? J'aime à croire que nos Chambres ne se prêteront pas à une démonstration de ce genre, si probante qu'elle doive être?

Mais, peut-être, me direz-vous, c'est *en catimini* que le spectateur commit son crime? Alors, comment l'a-t-on découvert? Est-ce lui qui l'a dit, ou la jeune fille qui l'a dénoncé? Ou bien l'a-t-on surpris? Combien je tiendrais à le savoir, vous pressentez pourquoi? A-t-il été condamné? S'il a été condamné, je ne referai pas mon argumentation, voir plus haut. S'il n'a pas été condamné, quelle en est la raison? Je m'y perds.

J'ai voulu tirer au clair cette histoire, je n'y suis pas parvenu complètement, mais je vous livre les renseignements qui suivent pour vous mettre à même d'obtenir des détails complémentaires. L'affaire a dû se passer à la Chaux-de-Fonds. Donato n'était plus en Suisse à l'époque. L'accusé a été renvoyé indemne. Il avait été prouvé que la prétendue victime, femme de mauvaises moeurs, mentait effrontément et avait fait du chantage. Si vous et moi parlons de la même personne, vous serez d'accord avec moi pour reconnaître que l'auteur où vous avez puisé ce récit, écrit singulièrement l'histoire[70].

A vous maintenant, Monsieur, de préciser, et d'arriver avec des noms, des lieux et des dates.

Et encore une fois, Monsieur, en quoi "la régularisation et la réglementation" empêcheront-elles le retour de faits semblables? Je l'ai déjà dit, j'ai le pouvoir d'hypnotiser —vous savez que ce pouvoir n'est pas donné à tout le monde et n'est pas départi exclusivement ni même de préférence aux médecins— si je veux en faire un mauvais usage, où sera l'obstacle? N'y a-t-il pas eu des chimistes et des médecins empoisonneurs? Et si l'hypnotisme avait été "régularisé et réglementé", tel jeune docteur —qui n'appartient plus aujourd'hui au monde[71]— sur le compte duquel court, à notre hôpital, une vieille et sale histoire d'hypnotisme et d'abus, en aurait-il moins mis à profit ses facultés fascinatrices si l'histoire est fondée?

Qu'est-ce donc que tous ces raisonnements dans lesquels ma raison ne se retrouve pas?

Je fais cette longue citation pour donner un spécimen de ma manière de discuter (voir p. 90), et permettre au lecteur de constater que je ne me borne pas à

---

[70] Le lecteur voudra remarquer que je ne cite même pas le nom de M. Ladame — non toutefois dans la crainte de lui faire trop d'honneur.
[71] Il a été enfermé dans une maison de santé, et peut-être est-il mort.

défendre ma thèse par des traits d'éloquence à la mode de certains avocats de cour d'assises. M. Ladame, n'ayant pas lu mes *Lettres*, n'a pas eu connaissance de ce passage. Aujourd'hui, il n'aura plus cette excuse. S'il se tait, je conclurai de son silence qu'il n'y a pas eu de viol, et laisserai à d'autres le soin de tirer cette conclusion que si M. Ladame excelle dans l'art de dévoiler les mensonges, il possède à un degré égal celui de jeter sur la vérité un voile qui la déguise complètement.

Pourquoi je me défie des assertions vagues non appuyées de pièces probantes.

Je suis payé pour me défier de ces assertions vagues. Dans mes *Lettres à M. Thiriar*, on peut lire l'enquête approfondie que j'ai faite sur les six histoires mises à la charge de Donato par M. le docteur Lombroso, histoires qui ont motivé l'interdiction de ses représentations à Milan. J'ai prouvé, comme je l'ai dit, documents en main, qu'elles étaient mensongères. Ces histoires sont reproduites dans le livre de M. Gilles de la Tourette; de là elles ont passé dans le discours de M. Thiriar. Elles ont défrayé largement les orateurs de l'Académie de médecine — nous verrons comment.

Voici ces histoires:

1. "A la suite d'une représentation où il fut hypnotisé, un officier d'artillerie est devenu presque fou. Il présente, à chaque instant, des accès d'hypnotisme spontané à la vue du moindre objet brillant: une lanterne de voiture, par exemple, qu'il suit comme fasciné. Un soir, si le capitaine de sa batterie ne l'avait retenu, il se faisait écraser par une voiture dont les lanternes étaient allumées et qui arrivait sur lui. Une violente crise d'hystérie suivit cette dernière scène et le malheureux fut obligé de garder le lit.

2. "Un ancien hystérique et un ancien somnambule

sont redevenus malades après deux séances d'hypnotisation.

3. "Deux étudiants en mathématiques s'hypnotisèrent spontanément en regardant leurs compas; il leur devint impossible de dessiner.

4. "Un employé des chemins de fer fut pris de convulsions et de folie furieuse, et n'est pas encore guéri.

5. "Deux officiers, déjà hypnotisés, ne pouvaient résister aux injonctions qu'on leur faisait de se montrer en public.

6. "Un jeune homme de 17 ans, fort honorable jusque-là, devint d'une moralité plus que douteuse et se livra, vis-à-vis du magnétiseur lui-même, à un absurde chantage. Il resta trois nuits sans sommeil et devint presque imbécile."

Et voilà les ridicules racontars avec lesquels on veut mettre en branle les corps législatifs des empires, des royaumes et des républiques. Ici des officiers qui courent après les lanternes des fiacres, ou qui se montrent en public; là des étudiants qui contemplent leurs compas; d'un côté d'anciens malades qui, chose inouïe, redeviennent malades; de l'autre, un employé de chemin de fer pris de convulsions; et pour comble, un garçon honnête qui voit se développer en lui l'instinct du chantage? N'y a-t-il pas là motif à jeter un immense éclat de rire, s'il ne fallait par contre s'attrister de voir pris au sérieux par des hommes de science de pareils contes?

Mais voici qui est plus fort —ces histoires-là sont fausses. A peine avais-je publié ma Troisième lettre à M. Thiriar, en date du 11 février 1888, que j'eus comme un remords d'avoir raisonné comme si elles étaient vraies. Je me livrai donc à une enquête. Je me procurai les journaux de l'époque, l'*Italia* du 26-27 mai et du 2-3 juin 1886, le *Corriere della Sera* du 4-5 juin, la *Gazette piémontaise* du 3 juin; j'écrivis à Donato, à M. Morselli, professeur de Turin, collègue de M. Lombroso; à un spectateur qui avait suivi Donato à Turin et à Milan; je recherchai les noms, les lieux, les dates. Et qu'est-ce que je découvris? Les journaux renfermaient des démentis infligés à M. Lombroso par les intéressés. L'officier aux lanternes, le lieutenant G..., n'avait jamais été hypnotisé par Donato, ne courait pas après les lanternes, n'était pas devenu presque fou et n'avait jamais eu de crise d'hystérie. Seulement, comme beaucoup de personnes (moi, par exemple), il était hypnotisé par les lumières. Son médecin traitant était précisément M. Morselli, et il m'a confirmé de tous points ce que j'avais lu dans les journaux. —L'histoire de l'employé de chemin de fer un sieur Ercolani, est démentie par Ercolani lui-même dans la *Lombardia* de Milan du 7-8 juin 1886, où il dit qu'il a aussi écrit à la *Gazette Piémontaise*. (Je n'ai pu me procurer le n° de ce dernier journal.)

L'histoire du jeune homme honnête est la plus étonnante invention de M. le docteur Lombroso. Le fait avait été raconté dans le *Figaro* du 28 mai —et mon correspondant d'Italie confirma de point en point ce récit. Il s'agit d'un étudiant, âgé de 18 ans, Achille de Tomasi qui, en vue de faire la noce, avait voulu extorquer mille francs à Donato, en le menaçant de dévoiler ses *trucs* au public. Après quelques jours de détention, il fut relâché comme ayant agi sans discernement. (Pour de plus amples détails, comme dirait M. Ladame, voir mes 7e et 8e lettres à M. Thiriar, 25 février et 2 mars 1888 et la lettre de M. Morselli du 14 mars.)

Croirait-on, après cela, qu'à l'Académie de médecine de Belgique, M. Guermonprez les reproduisit toutes; qu'elles sont toutes rééditées dans le rapport de M. Masoin qui se borne à dire qu'elles ont été l'objet de contestations de ma part (un euphémisme); et enfin, suprême exemple, dans son dernier discours du 24 novembre 1888, juste six mois après mes premiers démentis, appuyés sur des preuves irréfragables et auxquels M. Lombroso n'a pas répondu, M. Masoin les rééditait encore et présentait comme étant mes meilleurs et mes seuls arguments, les plaisanteries dont j'accompagnais ces histoires[72], ces histoires puériles, ineptes et niaises, qu'alors je supposais vraies; et il concluait en ces termes "quand il en arrive à discuter ainsi, on peut fermer le livre: la cause est entendue"? Après tout, il vaut encore infiniment mieux ce genre de réfutation qui s'adresse uniquement aux arguments les plus faibles de l'adversaire, que les cris d'animaux, les piétinements, les hurlements et les grognements incessants que M. Masoin et moi avons entendus dans la séance du 12 août[73].

Quant à moi, lorsque je vois un spécialiste, M. Lombroso, se permettre des altérations aussi manifestes de la vérité; quand j'en vois d'autres les accepter avec légèreté; quand je vois un professeur, M. Masoin, tenir si peu compte des documents authentiques qui tendent à les mettre à néant; j'ai bien le droit vis-à-vis de M. Ladame, qui depuis près de dix ans ne fait que rééditer son histoire de viol, de lui demander de ne pas exiger de moi que je le croie sur parole.

---

[72] Je demandais par exemple si les étudiants étaient toujours en extase devant leurs compas, et si l'on avait pris leurs photographies. (Voir plus haut, p. 86, le passage d'une *Lettre à M. Thiriar*, où je discute le cas de viol de M. Ladame).

[73] Je prie même l'honorable rapporteur de l'Académie de médecine — dont je reste séparé par un dissentiment non plus scientifique (il est aujourd'hui converti à l'hypnotisme; ne croit plus à ses dangers et n'écrirait plus bien des choses qu'il a écrites), mais *professionnel* — de ne pas trouver mauvais que je rende une fois de plus hommage aux efforts qu'il a faits pour s'éclairer. Je reconnais aussi que ses vivacités de langage (bien légitimes après les miennes) n'ont jamais été dirigées contre l'homme, mais contre le savant. D'ailleurs toute la discussion à l'Académie de médecine n'a pas quitté le terrain exclusivement scientifique, et, dans la forme, elle a été absolument grave et digne. Je ne me doutais guère alors qu'un pareil témoignage serait un jour rendu par moi en guise d'éloge. Mais, vraiment, j'ai les *grognements* du Congrès de l'hypnotisme sur le coeur.

D'autant plus que c'est ce cas unique, ambigument établi, qui motiva ce violent paragraphe resté si imparfaitement dans ma mémoire: "....l'éducation de misérables qui trouvent dans ces séances des leçons leur apprenant à se servir de l'hypnotisme pour la satisfaction de leurs vices et de leur immoralité. M. Delboeuf reconnaît lui-même que les attentats à la pudeur sont parfaitement possibles par le moyen de l'hypnotisme (parbleu! et par mille autres moyens encore, le champagne, par exemple), et cela suffirait pour démontrer la nécessité de l'interdiction de spectacles publics où les scélérats peuvent venir s'initier aux procédés d'hypnotisation qui leur permettent de violer impunément leurs victimes." Impunément? et l'on attrait pour crime de viol des individus innocents sur les dénonciations d'une vestale de Vénus!

CINQUIÈME PARTIE
M. LADAME ET DONATO

Comme quoi M. Ladame doit tout ce qu'il sait à Donato et ne craint pas de mordre le sein qui l'a nourri.

Cette démonstration ne sera ni longue ni difficile[74].

Le 15 août 1880 Donato arrive à Genève. Il y donne quelques séances de magnétisme avec Mlle Lucile seulement. Ce n'est pas qu'il n'eût déjà magnétisé en public des gens de bonne volonté; ainsi à Liège, en 1875, il avait hypnotisé publiquement des personnes même de la plus haute société, et aussi un somnambule naturel, M. Hinder. Mais c'était l'exception.

A Genève, comme partout, Donato était invité dans le monde. Il réussissait assez souvent à hypnotiser l'un ou l'autre membre de la famille de ses hôtes, mais généralement ces personnes ne consentaient pas à venir sur la scène. Ce ne fut que plus tard, à Neuchâtel, après l'incident Lambelet, que des sujets se présentèrent en foule pour le venger des attaques dont il avait été l'objet de la part du président du Grand Conseil.

En septembre, il est à Lausanne, à Vevey, à Montreux; le 3 octobre, il est à Fribourg. La renommée avait commencé par le suivre, maintenant elle le précède. L'opinion des journaux de l'époque *—je les ai sous les yeux—* peut se résumer comme suit: "Rien de pareil ne

---

[74] Je rappelle au lecteur que je n'ai jamais assisté qu'à une séance publique de Donato, que Donato n'est jamais venu chez moi, et que je ne l'ai vu qu'une seule fois dans une séance intime où il m'avait invité avec quelques docteurs de mes amis. A cette séance intime, il m'a appris quelque chose; en retour, je lui ai appris autre chose. Je ne dois donc rien à Donato.

s'est encore vu: Donato le premier nous montre que le magnétisme est autre chose que du charlatanisme". La lettre de M. le Dr Marc Dufour, dont j'ai cité un fragment dans ma réponse (voir p. 72), est une, preuve péremptoire que les journaux reflètent exactement l'opinion de la classe éclairée.

Le 6 octobre, à Berne, immense succès. Le 8, à son hôtel, plusieurs médecins étant présents, il magnétise plusieurs jeunes gens et jeunes filles dont aucun ne consent à monter sur le théâtre. —Ce qui, par parenthèse, démontre que l'asservissement du sujet à l'hypnotiseur n'est pas ce que l'on pense. Moi-même, cinquante fois je n'ai pu obtenir de mes servantes qu'elles se prêtassent à telle ou telle expérience, lorsque ce n'était pas leur envie.

Le 14 octobre, à Bâle, il donne une séance chez M. Von Bingo, qui en fait lui-même le compte-rendu.

Quelques jours après, il donne une séance chez M. Arago, ambassadeur de France, toujours en présence de plusieurs médecins.

Le 21 octobre, il débute à Neuchâtel. Ici entre en scène M. le pharmacien Strohl, l'homme au fluide. Celui-ci s'était déjà mis en rapport par correspondance avec Donato, et il annonce son arrivée dans le *Val-de-Ruz*, journal dont il est un des principaux collaborateurs. A peine Donato est-il à Neuchâtel que M. Strohl va le voir, le félicite, et depuis il ne le quitte plus; il assiste à toutes ses séances publiques et privées; il loge au même hôtel que lui, déjeune avec lui, lui demande de travailler avec ses sujets et se fait initier à tous les petits secrets du magnétisme. Dès le 23 octobre, nous le voyons publier dans *l'Union Libérale de Neuchâtel* l'article que voici:

Le magnétiseur Donato.

Monsieur le Rédacteur,

Permettez-moi de vous entretenir un moment des belles séances de magnétisme offertes au public par M. Donato. Les phénomènes, *en apparence surnaturels*, qu'il étale aux yeux des *spectateurs étonnés*, sont néanmoins d'une réalité incontestable.

Le sommeil magnétique est un état nerveux particulier, dans lequel on peut jeter, par une sorte d'influence morale, des individus d'une grande sensibilité nerveuse, et particulièrement des femmes hystériques. La théorie des phénomènes très variables que l'on peut observer durant le sommeil, est éclairée par *la connaissance de la physiologie du cerveau et perd devant elle tout ce qu'elle paraissait avoir de merveilleux*[75] pour rentrer dans l'ordre des faits scientifiques. C'est ce que le conférencier paraît avoir pris à tâche de faire comprendre à son auditoire, trop disposé à soupçonner de la supercherie, de la mystification, là où il n'y en a point.

Tout individu *ayant le regard vif et pénétrant* peut, *avec de l'exercice*, devenir magnétiseur, c'est-à-dire acquérir la faculté de plonger les gens faibles de nerfs dans un sommeil artificiel, les frapper d'une insensibilité complète et leur faire exécuter divers actes conformes à sa volonté. *Les somnambules* se prêtent à la plus grande variété de ces actes, dont quelques-uns sont fort remarquables; c'est pourquoi ces personnes sont recherchées de préférence par les magnétiseurs de profession.

La somnambule de M. Donato est une jeune femme éminemment douée pour l'exhibition des phénomènes magnétiques. C'est un sujet rare, digne

---

[75] On voit que M. Strohl avait des dispositions pour collaborer à la *névrose hypnotique* ou le *magnétisme dévoilé*; il dévoile déjà quelque peu, préparant ainsi la voie au maître dont il est le précurseur.

d'attirer l'attention du public, et dont le magnétiseur sait tirer tout le parti possible en ce qui concerne son art. Insensibilité, catalepsie, rigidité, surexcitation colossale de la force musculaire, obéissance passive à la volonté du magnétiseur, tout réussit de la manière la plus complète. Lorsque ce dernier lui ordonne de s'avancer, quatre hommes robustes ne peuvent la maintenir en place. Cette surexcitation prodigieuse de la force musculaire se rencontre aussi, comme on le sait, dans le délire ataxique. Elle n'a donc rien d'invraisemblable.

Je n'entrerai pas dans des détails sur la transmission de la pensée, autrement dit sur la manière de faire exécuter au sujet des ordres non exprimés. Ce sont des phénomènes qu'il est besoin de voir pour s'en faire une idée exacte, et c'est en eux qu'excelle Mlle Lucile, je veux dire dans la partie la plus rebelle des expériences magnétiques.

M. Donato *appartient à la catégorie. des magnétiseurs que l'on appelle quelquefois FOUDROYANTS, c'est-à-dire capables de fasciner rapidement leur sujet à une distance relativement grande.* D'un bout de la scène à l'autre, il lui lance un regard d'une acuité insoutenable; le visage de la somnambule exprime une sorte de terreur, elle frissonne, pousse un long soupir et s'endort. Dès lors, elle lui appartient, sa volonté fait place à la sienne: ce n'est plus qu'un automate guidé par le fluide du magnétiseur, fluide indéfinissable, qui paraît avoir quelque rapport avec le fluide, également indéfinissable, qu'on nomme électricité et dont nous ne connaissons que les effets.

N'oublions pas de féliciter M. Delville, aux escamotages incroyables duquel nous n'avons rien compris, ce dont il est sans doute satisfait, car si, d'une part, M. Donato cherche à instruire son auditoire, il est tout naturel que, d'autre part, le rôle du prestidigitateur consiste à le mystifier.

Agréez, monsieur le rédacteur, etc.

STROHL.

Nous ajouterons qu'à Berne, M. Donato a donné une séance spéciale à diverses personnes qui voulaient s'assurer de la réalité de sa puissance magnétique. M. le Dr Valentin, M. le Dr Strasser, plusieurs étudiants en médecine et des dames avaient répondu à son invitation. Après avoir choisi les sujets propres à être magnétisés (six personnes des deux sexes), M. Donato leur a fait exécuter toutes ses volontés, faisant marcher celui-ci, reléguant celui-là dans un coin, suspendant la voix aux lèvres d'un autre ou arrêtant une mélodie dans le gosier d'un quatrième, etc. Ces effets sont vraiment merveilleux sur les "sensitifs".

Le 30 octobre, le lyrisme de M. Strohl ne connaît plus de bornes. Voici un article publié par le *Val-de-Ruz*:

La fièvre magnétique.

A la suite des SUCCÈS PRODIGIEUX obtenus par le *professeur Donato*, une épidémie d'un genre particulier, que l'on pourrait appeler "fièvre magnétique" se répand partout sur son passage. On ne se rencontre plus sans se demander: "*Avez-vous vu Donato? - Je ne puis revenir de mon étonnement. Cest d'un extraordinaire!..!..!* etc." Les expériences fantastiques du célèbre professeur sont en effet de nature à frapper les imaginations les plus indolentes. *L'existence, les effets de ce fluide*, tant contestés par les uns, tant exagérés par les autres, sont-ils donc une réalité? *On ne peut se refuser à le croire* après les démonstrations si *précises* et à la fois si brillantes de l'opérateur. Cependant tous les esprits sont frappés. *Ceux qui niaient l'existence du magnétisme, aussi bien que ceux qui lui attribuaient des vertus surnaturelles, sont obligés de modifier leurs convictions. Le grand mérite de M. Donato consiste à présenter ses expériences à un point de vue scientifique* et à montrer que les effets remarquables du fluide magnétique appartiennent uniquement au domaine de la physiologie. Ajoutez à cela un grand talent de mise en scène qui contribue pour beaucoup à rendre *ses séances éminemment agréables et intéressantes.*

Dimanche passé se donnait la seconde séance au théâtre de la Chaux-de-Fonds. Une foule, telle qu'on en voit rarement (pour ne pas dire jamais) devant cet édifice, assiégeait la porte d'entrée. Le lever du rideau subit un grand retard à cause de l'encombrement des spectateurs dont la salle se bondait jusque dans ses derniers retranchements. Par contre, les rues, les cafés de la ville, ordinairement si animés, étaient déserts. Calme plat partout. On eût dit la ville de Quinquendone avant l'arrivée du docteur Ox.

Dans la salle du spectacle, au contraire, le public trépigne d'impatience. Enfin, le rideau se lève, suivi d'une *clameur générale de satisfaction.*

M. Donato se présente à l'avant-scène avec son rare sujet, Mlle Lucile. Il parcourt rapidement la salle de son *regard fascinateur, presque phosphorescent*, tandis que les lorgnettes des dames se braquent sur les diamants qui couvrent les doigts de la somnambule. Les yeux de cette dernière sont doux, timides, la lumière de la rampe paraît l'éblouir; elle salue l'assistance avec une gracieuse mélancolie. Le magnétiseur lui présente un verre d'eau qu'il porte à ses lèvres et la regarde boire. Après quelques gorgées elle tressaille, son visage se décompose, ses yeux se vitrifient, elle reste immobile comme une statue: (sommeil léthargique). Une passe du magnétiseur le long de la colonne vertébrale lui fait éprouver une violente contraction de tous les muscles. Elle tombe sur le plancher, rigide comme une barre de fer. La roideur musculaire est constatée par un médecin de la ville et par d'autres spectateurs que la curiosité fait monter sur la scène. Les battements du coeur sont extrêmement faibles, la respiration presque nulle: (catalepsie tétanique). Deux hommes la ramassent, posent sa tête sur une chaise et le bout des pieds sur une autre chaise. Elle reste ainsi pendant dix minutes comme une planche, dans cette position que le plus robuste gymnaste ne pourrait endurer. On lui briserait plutôt les os que de la faire plier et M. Donato affirme qu'elle pourrait rester comme cela pendant des heures entières. Nos lecteurs savent que l'on rencontre des cas pareils en médecine à la suite des accidents traumatiques qui engendrent le tétanos. Une simple passe magnétique suffit pour lui rendre la souplesse des membres et la respiration à peu près normale.

Le sommeil redevient léthargique. Dans cet état, sa force musculaire est colossale. Sur un ordre du magnétiseur, *ordre qui n'a même pas besoin d'être exprimé verbalement (il lui suffit de le penser)*, cette jeune femme renverse un homme vigoureux avec le calme le plus placide ou le fait sortir de la salle en dépit de sa résistance. Bien plus, elle sépare aisément quatre hommes qui se tiennent enlacés deux à deux pour s'opposer à son passage. Le magnétiseur lui communique à volonté l'extase, la frayeur, la colère, la tristesse, la joie, le rire, la surdité, l'hyperacusie, etc., en un mot, elle obéit passivement à toutes les fantaisies de son dominateur.

Une imagination exaltée par le délire de la fièvre magnétique, dont nous avons parlé plus haut sous forme de badinage, verrait facilement dans ces scènes fantastiques le tableau d'un ange tombé au pouvoir du diable, bien que M. Donato soit l'homme le plus aimable du monde dans ses relations avec le public.

La scène de l'extase est vraiment émouvante. Sous l'influence de ce sentiment qui lui est communiqué par les accords mélodieux d'une cithare, le visage de la somnambule prend une expression de mélancolie si touchante, que l'on peut remarquer, parmi les spectatrices, plus d'une larme involontaire se marquer furtivement dans le coin d'un mouchoir.

Pour obtenir le réveil de son sujet, le professeur Donato, lui souffle légèrement au visage et ce retour à la vie est salué, comme on pouvait le prévoir, par un tonnerre d'applaudissements.

Après ce récit, qui est loin de dépeindre les faits dans toute leur *étonnante réalité*, nos lecteurs admettront peut-être comme plausible la cause de l'épidémie nouvelle que nous avons appelée fièvre magnétique.

Donc, enregistrons-en l'aveu, avant l'arrivée de Donato, M. Strohl ignore le magnétisme: Donato lui dessille les yeux et l'oblige à croire. Il croit à l'existence du fluide, à la transmission de la pensée: Donato le détrompe. Donato a "*le grand mérite de présenter ses expériences à un point de vue scientifique*" et de "*modifier les convictions de ceux qui attribuent au magnétisme des vertus surnaturelles, en montrant que* "*ses effets appartiennent uniquement au domaine de la physiologie* ". Nous allons bientôt voir M. Strohl, reparcourir en compagnie du Dr Ladame les différents lieux, témoins des triomphes de Donato, refaire ses expériences avec les mêmes sujets, et s'en laisser attribuer l'invention par le Dr Ladame, le porte-plume —échange de bons procédés— et, ce qui est le suprême de la loyauté, présenter Donato comme un particulier qui "jetant un orgueilleux défi aux savants et à la science", veut faire croire au fluide et se faire passer comme doué du don "*surnaturel*" de faire "des miracles". (Relire ici le rapport de M. Ladame, p. 37 et 38.)

Donato reste dans le canton de Neuchâtel jusque fin novembre, arrive à Lausanne où il séjourne jusque vers la fin de l'année 1880. En janvier 1881, il visite les environs de Genève, va à Sion, puis, en février, il quitte la Suisse en passant par Bâle. Pendant tout ce temps, M.

Ladame ne donne pas signe de vie. Que chaque fois qu'il s'est rendu à ces sortes de spectacles, il en soit sorti la conscience révoltée, et que néanmoins il n'ait jamais assisté aux séances de Donato, ni en Suisse, ni autre part, ce sont là des assertions difficiles à concilier. Mais admettons-les. Qu'est-ce que cela prouverait? que M. Ladame n'ajoutait pas foi au magnétisme, comme ce docteur Rouge dont je parle dans ma réponse (p. 74). A moins qu'il ne voulût nous donner à croire qu'à cette époque il n'avait déjà plus rien à apprendre en fait de magnétisme. Mais ceci même lui serait impossible, comme on va le voir.

Car, s'il ne donne pas signe de vie, c'est qu'il médite un grand coup. Il a conçu le plan d'une association coopérative pour l'exploitation de la mine mise à découvert par Donato. Son associé sera M. Strohl, le fidèle acolyte, le commensal de Donato. Il lui communique son projet, et, en janvier 1881, l'association Ladame-Strohl est fondée. Partout où Donato a passé, il a fallu refuser une foule de gens aux portes des théâtres où il se montrait. Il reste donc encore de quoi glaner.

M. Ladame se met à dévoiler le magnétisme par la parole, et par la plume.

Mais il ne s'agit pas de répéter simplement ce que Donato a fait. C'est ici qu'éclate la conception géniale du Dr Ladame. Il fera, par l'intermédiaire de l'élève de Donato et avec les sujets de Donato, les mêmes choses que Donato; mais il annoncera qu'il démasque Donato, qu'il met à nu ses trucs, et pour cela il lui prêtera un masque, il lui forgera des trucs. Et le voilà, qui parcourt la Suisse française en s'intitulant pompeusement *professeur de magnétisme dévoilé.* La première conférence dont j'ai pu relever la date est du 18 février 1881, à Neuchâtel, sous

105

les auspices de la *Société d'utilité publique* et dans la salle ordinaire de ses séances, au Château. Cette conférence ne fut pas agrémentée d'expériences, soit que la Société s'y refusât, soit que M. Ladame n'osât pas encore se poser en émule de Donato, soit pour tout autre motif que j'ignore. Je n'ai pu trouver de compte-rendu de cette conférence. Il faut croire qu'aux yeux même de l'orateur elle manqua de piquant, M. Strohl n'ayant pas prêté son assistance. Il ne retomba pas dans la même faute, et à partir de ce jour, Enée ne parut plus qu'accompagné de son fidèle Achate, Donato allait quitter Bâle pour se rendre à Vienne.

Les deux compagnons commencent donc en février leur tour de Suisse, M. Ladame parlant, M. Strohl expérimentant. "C'est pour répondre, écrit-il[76], aux aspirations de ces personnes *sans parti pris* qui attendent la lumière (*sic!*) sur les phénomènes dont elles ont été les témoins, que nous avons traité ce sujet dans une série de conférences publiques à Genève, à Lausanne et dans plusieurs localités du canton de Neuchâtel... et c'est encore pour le même motif que nous publions aujourd'hui le résultat de nos études et de *nos observations* (*sic*)... Ce qui s'est passé à Neuchâtel et dans la Suisse romande, il y a quelques mois, lors des représentations de Donato, ne constitue donc pas un grand évènement scientifique, comme on (qui on? n'est ce pas M. Strohl?) l'a dit et imprimé." Suit une phrase que je comprends mal et que voici: "Les mêmes effets, se sont retrouvés, identiques partout, dans toutes les villes où un magnétiseur habile et son merveilleux sujet se donnaient en spectacle."

Ces conférences doivent avoir été très nombreuses si j'en juge uniquement d'après les mentions diverses qui en sont faites dans le *Magnétisme dévoilé*, p. 9, p. 10, p. 58, p. 64, etc. Il fait même des expériences à table d'hôte (p. 61). Payait-on l'entrée de ces conférences ou bien

---

[76] *Le Magnétisme dévoilé*, p. 10.

n'avaient-elles pas un but lucratif immédiat, j'ai essayé d'avoir des renseignements sur ce point; ils me sont arrivés contradictoires.

J'ai sous les yeux un document qui rend assez bien, ce me semble, la physionomie de ces séances. Il est tiré du *Journal du magnétisme* de Genève, et signé *Bernard Ragazzi*. Le voici:

Cet hiver, j'assistais à une séance du Dr Ladame au Casino de St-Pierre.

L'habile conférencier visait évidemment à abaisser le magnétisme et les magnétiseurs (*envers lesquels, soit dit en passant, il fut bien moins que poli*), pour donner plus de relief à la valeur scientifique de l'hypnotisme, devenu à la mode depuis que l'éminent Dr Charcot a eu la hardiesse de le patronner.

M. Strohl, son collègue, chargé de la partie expérimentale, donnait aux savantes théories du Dr Ladame le démenti le plus solennel, en produisant sur deux intéressants sujets les effets les mieux réussis de magnétisme pur sang, tel que nous le connaissons depuis longtemps.

Ces Messieurs avaient mal choisi leur public. Le magnétisme est trop connu à Genève et il serait difficile de déguiser la vérité.

Ayant demandé au docteur s'il entendait nous présenter des effets de magnétisme ou d'hypnotisme (car il était en effet difficile de découvrir à travers des contradictions continuelles, ses vraies intentions!), il déclara, en présence d'une nombreuse assistance, que le magnétisme et l'hypnotisme étaient la même chose.

Donc M. Ladame monte sur les tréteaux de Donato, seulement il n'opère pas lui-même. Il se borne à faire, ce que, s'il s'agissait de Donato, il appellerait le boniment. Tout en donnant ces nombreuses conférences, qui ont nécessité de nombreux déplacements, M. Ladame travaille à son *Magnétisme dévoilé*, autrement dit *Névrose hypnotique*, et le 3 mai, quatre mois à peine après le départ de Donato; il est en état de le mettre au jour. C'est un petit volume de 180 pages avec une bibliographie de 20 pages. M. Ladame ne cite pas moins de 331 ouvrages et à peu près autant d'auteurs depuis Pline, Galien, Coelius Aurélianus, jusqu'à moi-même. Il n'a lu ni plus ni moins que 67 ouvrages rien que du XVIIIe siècle.

L'érudition de l'auteur est, comme on le voit, phénoménale, mais sa modestie est égale à son érudition. Il ne rapporte qu'une ou deux observations personnelles, entre autres sur les grenouilles (p. 25); pour le reste, il s'en réfère à M. Strohl. M. Strohl est l'autorité la plus importante du livre; son nom revient dans vingt-deux pages différentes, et même jusqu'à sept ou huit fois par page (pages 9, 30, 54, 56, 57, 58, 61, 64, 67, 75, 76, 81, 91, 97, 109, 127, 128. 146, 152, 155, 176, 183). M. Charcot n'est cité que neuf fois.

M. Strohl a tout observé, tout expérimenté, tout pénétré. Déjà à la page 30; nous apprenons que lui simple pharmacien, a hypnotisé et chloroformé un très grand nombre de personnes, et a remarqué que l'action de l'hypnotisme chez les malades atteints de dégénérescence graisseuse du coeur était tout à fait analogue à celle du chloroforme".

Le livre ayant paru le 3 mai, et contenant 14 feuilles, en admettant que l'imprimeur ait marché raison de deux feuilles par semaine, ceci nous montre que de janvier jusque vers le milieu de mars, M. Strohl, pharmacien, a pu chloroformer *un très grand* nombre de personnes atteintes de dégénérescence graisseuse du coeur et comparer sur elles les effets de l'hypnotisme et ceux du chloroforme!

Quelle clientèle, grand Dieu! quelle clientèle!

A la page 54; MM. Ladame et Strohl essaient en vain d'obtenir un retour de la mémoire des hypnotisés: M. Ladame ne nous dévoile pas la cause de ce mystère.

A la page 56; M. Strohl a observé un sujet "qui bondissait chaque fois, qu'on touchait légèrement la surface de sa peau avec une barbe de plume".

A la page 57, MM. Ladame et Strohl présentent un sujet qui supportait les courants d'induction les plus forts sans qu'on vît remuer un de ses traits.

L'expérience a été faite à Verviers (Belgique); par Donato en février 1876. Voici un extrait de l'article publié dans l'*Union libérale* de cette ville du 14 février, par M. Fonsny, docteur en sciences, professeur de chimie et de physique.

Un phénomène inédit nouvellement découvert par M. Donato, a fourni l'éclatante démonstration de la parfaite insensibilité du sujet.

M. Henrotay, pharmacien, avait bien voulu mettre à notre disposition un appareil électrique dont tous les spectateurs ont pu apprécier la puissance. On place dans chaque main de Hinder, catalepsié depuis 15 minutes, une des électrodes: le sujet ne bouge pas; aucun muscle de son visage ne se contracte; on ne peut constater chez lui que ce léger tremblement musculaire du dos de la main qui, dans les mêmes conditions, se produit même sur le cadavre.

On lui applique les électrodes sur les joues; pas le moindre effet apparent. Pendant au moins dix minutes, on continue l'électrisation sans obtenir aucun résultat. Alors Donato tire son sujet de cette prostration; puis il le soumet de nouveau à l'influence électrique, mais à dose bien moins forte. Hinder exprime une vive douleur par des cris et des contorsions.

Pour essayer de le surprendre, on suspend le courant en feignant de lui donner une grande force; Hinder déclare ne rien sentir et recommence ses contorsions aussitôt que l'action réelle se produit de nouveau.

Cette fois la preuve est irréfragable et les plus

sceptiques ne peuvent se soustraire à l'évidence des faits.

A M. Ladame d'arriver maintenant avec la même expérience faite par lui ou M. Strohl antérieurement à Donato. Si oui, c'est bien; sinon, qu'il ne lui enlève pas son droit de priorité.

A la page 58 nous voyons M. Ladame retirer un corps étranger de l'oeil d'un de ses sujets, que M. Strohl rend insensible. "Cette anesthésie locale pourra rendre de grands services aux chirurgiens", ajoute judicieusement M. Ladame, parlant en prophète. Seulement une opération dentaire des plus douloureuses a été faite à l'inspiration de Donato, par M. Rosenthal, dentiste à Liège, au mois de janvier 1876, sur une demoiselle, et le fait est relaté dans le *Progrès dentaire*, (Londres, Ash et fils, 3e année, avril 1876, vol. III, n° 4). J'ai l'article sous les yeux: "La première molaire droite était aux trois quarts détruite par la carie, la pulpe était en putréfaction... A gauche, la première molaire n'était pas moins cariée... De la seconde molaire, il ne restait plus que les racines au niveau de la gencive......" Ceci pour indiquer qu'il s'agit d'une autre affaire que de retirer un corps étranger de l'oeil.

Et dire que l'étonnante érudition de M. Ladame n'a pas mis au jour ce petit fait, antérieur de cinq ans à sa grande découverte!

A la page 61, M. Ladame dévoile le truc des contractures, grâce auquel "les magnétiseurs qui montrent des somnambules en spectacle produisent des effets merveilleux qui paraissent surnaturels aux ignorants et simulés aux esprits superficiels". M. Ladame, qui n'est ni ignorant ni superficiel, ne s'y est jamais laissé prendre, et pour convaincre le monde "un jour, pendant le dîner, ... M. Strohl fit prendre au sujet qui était à côté de lui (il paraît donc que MM. Ladame et Strohl se faisaient accompagner de leurs sujets, comme le magnétiseur de tréteaux l'était de Mlle Lucile) un verre à pied de la main droite, lui contractura les muscles fléchisseurs (dix lignes de description de tous les muscles contractés par M. Strohl) ... de sorte que la bouche resta grande ouverte devant le verre suspendu aux lèvres sans qu'aucune goutte de la précieuse liqueur pût être ingurgitée, *aux vifs applaudissements des convives"*.

Voilà donc, M. Ladame et son copain se faisant hypnotiseurs de table d'hôte, et à juger par la complaisance avec laquelle le premier s'étend sur les phénomènes des contractures (six longues pages), on croirait qu'ils sont de son invention. Hélas! pas même cela, je lis dans le *Conteur Vaudois*, du samedi 18 décembre 1880: "Entre la coupe et les lèvres, il y a place pour M. Donato, qui défend au patient de boire dans le verre qu'il tient en main."

Seulement je ne lis pas dans le *Conteur* la description de tous les muscles contracturés, ni la mention des applaudissements des spectateurs, l'expérience étant de la dernière vulgarité.

A la page 67, M. Ladame nous apprend que M. Strohl sait contracturer le deltoïde. Notons une fois pour toutes que M. Strohl ne contracturait rien du tout et que M. Ladame, physiologiste, aurait dû s'en apercevoir.

Mais à la page 64, M. Ladame parle en son nom propre, et il nous annonce qu'il a fait une découverte: c'est à propos du *transfert*. "J'ai reproduit très facilement (qu'y a-t-il encore de difficile pour M. Ladame?) le phénomène du transfert de la contracture chez un sujet hypnotisé dont l'hyperexcitabilité est très grande et j'ai pu le démontrer (l'heureux savant!) dans une série de conférences que j'ai données avec M. Strohl dans les principales localités de la Suisse romande. Dès lors, nous avons étudié de plus près ce phénomène (de plus près, c'est à quoi on reconnaît le vrai chercheur) et déterminé avec exactitude (ce qui n'est donné qu'au bon expérimentateur) le temps que met la contracture à se transférer d'un membre à l'autre. La première fois qu'on place l'aimant, il faut trente secondes pour opérer le transfert; la deuxième fois vingt-cinq secondes (quelle précision! on dirait de l'astronomie); puis, au bout de quatre ou cinq fois, le phénomène se produit en dix secondes, et, dès lors, on reste à ce chiffre de dix secondes dans toutes les expériences subséquentes."

Ici je suis bien forcé de reconnaître que, dans ces expériences "délicates", il n'y a rien de Donato, tout appartient à M. Ladame. Un malheur seulement, mais un tout petit, —faut-il même en parler?— le phénomène du transfert n'existe pas.

Et à la même page 65, M. Ladame nous dévoile que quand on fait ces expériences "si délicates, on ne saurait trop s'entourer de précautions pour rendre les observations concluantes et, avant d'admettre la réalité d'une expérience et d'en chercher l'explication, il faut tenter de la produire sous toutes les formes possibles et dans les circonstances les plus variées". Comme nous le voyons, M. Ladame a joint admirablement l'exemple au précepte.

A la page 68, M. Ladame découvre que M. Charcot est de son avis et que "la névrose hystérique et la névrose hypnotique sont en relations très étroites. "

Pages 76 et suivantes, les deux compagnons du tour de Suisse, dévoilent la manière dont un magnétiseur arrive à "faire comprendre à son somnambule la pensée qu'il veut lui transmettre. Tout ce que je pourrais dire là-dessus, dit M. Ladame, embouchant la trompette, ne saurait remplacer la démonstration éclatante donnée dans nos conférences par M. Strohl, qui a initié le public aux mystères de l'éducation que les magnétiseurs de profession font subir à leurs sujets (pendant le sommeil et sans qu'ils puissent par conséquent en garder le souvenir) pour leur enseigner la transmission de la pensée."

Ces expériences leur "permettent d'affirmer catégoriquement et sans aucune hésitation que la

TRANSMISSION DE LA PENSÉE N'EXISTE PAS, du moins dans le sens que lui attribuent les magnétiseurs."

Nous avons vu plus haut, par l'article de M. Strohl, que celui-ci avait foi dans la transmission de la pensée. Aujourd'hui il voudrait intervertir les rôles. Je défie MM. Strohl et Cie de citer un seul passage de Donato —et il y a de lui de nombreux écrits— où il ait admis la transmission de la pensée. De plus, Donato hypnotisait au pied levé les spectateurs de bonne volonté et obtenait immédiatement avec la plupart d'entre eux des effets dits de transmission de pensée. Il n'employait donc pas les moyens baroques si complaisamment décrits par MM. Strohl et Ladame. Partant, tout ce qu'ils disent est pure calomnie à l'égard de celui dont ils tiennent tout et à qui ils veulent tout enlever.

Nous venons de voir les coopérateurs MM. Ladame et Strohl passés maîtres dans l'art de dévoiler la manière dont les magnétiseurs de profession s'y prennent pour transmettre leurs pensées —passés maîtres, parce que Donato n'a rien eu de caché pour l'un d'eux. Alors ils croient pouvoir s'aventurer dans des domaines inexplorés, dévoiler même les trucs des prestidigitateurs, et voici ce que nous apprenons:

Tous les prestidigitateurs savent exploiter habilement cette soi-disant, transmission de la pensée. Ils donnent, par exemple, une carte à deviner à quelqu'un et désignent tout de suite la carte pensée. *L'explication de ce tour étrange se trouve* ESSENTIELLEMENT *dans le fait que voici: lorsqu'on pense rapidement à une chose, on fait involontairement les* MOUVEMENTS MIMIQUES *qui correspondent au mot pensé.* L'éducation des sourds-muets par l'articulation des mots qu'ils ne peuvent entendre n'a pas d'autre base que cette observation (tiens! les sourds-muets lisent la pensée!). Or les prestidigitateurs ont appris à lire ces mouvements mimiques dont nous venons de parler, et ils arrivent ainsi, avec un peu d'exercice, à lire sur le visage des personnes auxquelles ils

113

demandent de penser une carte et à deviner sans se tromper la carte pensée.

Le lecteur ébloui voit d'ici ce que sont les mouvements mimiques correspondant à la dame de coeur ou au valet de pique. M'est avis cependant que si MM. Ladame et Strohl, avant de risquer cette admirable explication, avaient consulté Donato —qui aime, comme nul ne l'ignore, à faire profiter les gens de ce qu'il sait— il leur aurait dévoilé avec plaisir que les prestidigitateurs font "ce tour étrange" en *forçant la pensée*, c'est-à-dire en attirant adroitement les yeux du spectateur sur la carte qu'ils ont en vue. *Et nunc erudimini, savantissimi doctores.*

Suite de l'examen du Magnétisme dévoilé et des découvertes de M. Ladame.

Je ne vais pas ennuyer le lecteur par l'énumération détaillée de toutes les découvertes faites par la Société Ladame et Cie pendant les quelques semaines qui ont suivi le départ de Donato et précédé la mise à l'impression du *Magnétisme dévoilé*. Je les résume brièvement.

Page 80 (et aussi page 120); M. Ladame nous apprend que M. Charles Willy, médecin oculiste à la Chaux-de-Fonds, a attiré son attention sur l'hémiopie (ou la cécité d'un demi champ visuel). Il a trouvé le temps "d'examiner ce symptôme avec la plus grande attention et à plusieurs reprises". Cela l'amène à parler (p. 123) d'un cas de *tétanos unilatéral*, qu'il avait observé quelques années auparavant et guéri avec des cataplasmes. Rapprochant ingénieusement le *tétanos unilatéral* de l'*hémiopie*, il arrive à produire sur un de ses sujets (p. 124); rien qu'en plaçant la main sur le côté gauche de la tête (ô Nancy!), des *effets violents et soudains* de contracture unilatérale, de l'achromatopsie, des *troubles dans le langage* etc., etc. Toutes expériences inoffensives entre les mains du docteur Ladame, attendu que M. Ladame a un diplôme, mais qui seraient presque des crimes, exécutées par Donato, qui n'a pas de diplôme.

Seulement M. Ladame, qui a découvert toutes ces belles choses, grâce à un mot de M. Willy, aurait bien pu nous confier que M. Willy était un admirateur de Donato et lui avait même exprimé publiquement sa reconnaissance. Voici l'article qu'il lui consacrait d'ans le *National Suisse* du 30 octobre:

Théâtre. — Nous recevons la correspondance suivante:

Hier soir, nous avons eu le grand plaisir d'assister, à l'hôtel de la Fleur-de-Lys, à une de ces séances particulières de magnétisme que M. Donato avait annoncées avant-hier, séance dans laquelle il n'expérimentait que sur des personnes qui lui étaient tout-à-fait inconnues et qui n'avaient encore jamais subi l'influence du "magnétisme humain". C'est surtout vis-à-vis des esprits sceptiques à tout prix que nous tenons à déclarer que ces expériences ont réussi à merveille et que, au point de vue scientifique, elles étaient –si possible– encore plus intéressantes et surtout plus convaincantes que ce que nous en avons vu dans les représentations données précédemment au théâtre.

Chaux-de-Fonds, le 30 octobre 1880
CH. W.

P. 81. Poursuivant le cours de ses investigations, M. Ladame scrute d'autres phénomènes: "J'ai fait aussi sur ce point (l'hyperesthésie) une série d'observations avec M. Strohl et j'ai pu constater dans certains cas une hyperesthésie de l'ouïe extrêmement remarquable." M. Ladame ne découvre ou ne constate que du remarquable. Il ne devrait pas le dire; ça se sent.

P. 83 et 84, est dévoilé le mystère de la transposition des sens et de la lecture par l'épigastre.

P. 87, M. Ladame découvre que "les phénomènes d'automatisme ont accrédité dans les masses un préjugé qu'il ne sera pas facile de détruire: c'est celui de la *sujétion* absolue du *magnétisé* à la volonté du *magnétiseur*. PRIS DANS CE SENS, CETTE SUJÉTION N'EXISTE PAS". Et alors que deviennent ces belles pensées du Rapport que l'hypnotisme est "le servage le plus absolu auquel un homme puisse être réduit par son semblable; que l'hypnotisme libre, c'est la sanction du pire des esclavages, celui qui est accepté et consenti par la victime"? M. Ladame aurait-il fini par partager les préjugés du vulgaire, ou aurait-il sur la question deux opinions qu'il exhiberait tour à tour suivant les exigences de sa polémique?

P. 91. Gentille expérience de M. Strohl de la fleur et de l'insecte, M. Strohl donne au sujet une fleur pour en respirer le parfum. Puis il lui dit qu'il y a un *affreux insecte* dans la fleur. Le sujet la jette et l'écrase. Il paraît que "les magnétiseurs exploitent des phénomènes de ce genre pour faire croire à la transmission de la pensée". Bénissons M. Strohl! grâce à lui, le public ne sera plus exploité par ces gredins de magnétiseurs!

P. 97, un jeune sujet de M. Strohl réclame toujours de lui et de M. Ladame "l'extase par la musique". Le sujet appartenait à Donato; mais jamais, avant ces deux confrères, le public n'avait eu le spectacle de l'extase par la musique.

P. 109, "M. Strohl produit le phénomène de l'Echo et l'imitation spéculaire sans aucun tour de main spécial (sic)". —On ne se doute pas "combien sont délicates les expériences de ce genre", ajoute immédiatement M. Ladame, qui se charge toujours de la partie réclame, tandis que l'autre prestidigite. Ce n'est pas comme Donato, qui a besoin, lui, d'un tour de main spécial.

A la page 127, M. Ladame imagine un moyen nouveau de décontracturer les muscles: c'est "d'essayer de dégager les contractures par des attouchements sur la tête

116

au même endroit qu'il pratiquait ces attouchements pour provoquer les contractures". M. Ladame daigne nous initier au travail de sa pensée, car la mission qu'il s'est donnée est de tout nous dévoiler: "Puisqu'on peut, me disais-je, faire entrer les muscles d'une moitié du corps en contracture par la simple pression de la main sur un des côtés de la tête, on doit pouvoir aussi, par une certaine manoeuvre, relâcher ces mêmes muscles et les paralyser." Admirez la puissance de la déduction: "Les expériences vinrent pleinement confirmer mes suppositions." Puis vient le boniment obligatoire: "Mais ici, je dois faire remarquer quelle délicatesse de main il faut avoir pour réussir dans ces opérations. Il a fallu à M. Strohl de nombreux essais avant d'arriver à un résultat." Certes, quand on pousse aussi loin la délicatesse, la science et la modestie, on est bien en droit de traiter Donato de magnétiseur de tréteaux!

P. 146. Pour voir à l'oeuvre Gaultier-Garguille et Turlupin, citons le morceau sur *Le pouvoir de l'imagination*:

Pour démontrer à tous, cette influence de l'imagination, voici les expériences que M. Strohl faisait dans nos conférences. Les sujets (c'étaient donc de vrais spectacles, M. Ladame, tout à fait les mêmes que ceux de Donato, avec, non un sujet, mais des sujets, outre cette différence que le grand magnétiseur prenait les premiers venus qu'il hypnotisait séance tenante, tandis que vous, vous vous promeniez avec votre personnel, qui n'était même pas à vous), les sujets étant assis sur le devant de la scène, l'expérimentateur prenait un verre d'eau fraîche, qu'il faisait goûter à l'un des jeunes gens, après quoi, se retirant derrière lui, il annonçait qu'il allait "magnétiser" cette eau. Il décrivait alors à haute voix les "passes" prétendues qu'il opérait sur le verre d'eau, tout en restant les bras croisés sans faire un mouvement (le jeune homme ne pouvait le voir). Bientôt il déclarait que l'opération était terminée, s'approchait du sujet et l'invitait à boire l'eau "magnétisée". A peine celui-ci avait-il avalé la première gorgée, que le verre lui tombait des mains... il était endormi. —La même expérience peut se faire avec une carte que l'on substitue à une autre.

Qu'est-ce que toute cette mise en scène pour démontrer une banalité? Et quand on pense que, quelques mois auparavant, M. Strohl croyait au fluide magnétique!

A la page 152, M. Ladame nous apprend que M. Strohl, "qui a une grande expérience des procédés d'hypnotisation, fait depuis quelques mois des essais avec un fil de platine rougi par l'électricité. Les personnes les plus réfractaires aux autres manoeuvres résistent difficilement à ce puissant moyen". Quel dentiste! Il n'y a que lui! il n'y a que lui!

Nous avons vu plus haut que M. Strohl, en quelques mois, avait pu s'assurer que l'hypnotisme et le chloroforme avaient les mêmes effets sur les personnes atteintes de dégénérescence graisseuse du coeur. MM. Strohl et Ladame ont pu faire une découverte plus merveilleuse encore:

"Chose curieuse, lit-on dans le livre, le somnambulisme provoqué fait disparaître le somnambulisme naturel, de sorte qu'on peut être à peu près certain de guérir un somnambule de ses promenades nocturnes en l'hypnotisant. J'ai pu constater moi-même *à plus d'une reprise*, et M. Strohl l'a vu confirmé TANT DE FOIS qu'il l'admet comme une règle".

S'il y a au monde des phénomènes rares, ce sont les somnambules naturels. Pour moi, je n'en connais pas un seul. Bien plus rares encore naturellement sont ceux qu'un hypnotiseur peut arriver à découvrir et peut arriver à hypnotiser; enfin au bout de combien de temps est-on en droit de dire qu'un somnambule naturel est guéri? ce n'est certainement au bout ni d'une, ni de deux, ni de dix, ni de vingt semaines, ni même de vingt mois. Et néanmoins M.

Ladame *à plus d'une reprise*, et M. Strohl, *tant de fois*, ont guéri par l'hypnotisme des somnambules naturels, de janvier en avril, que pareille guérison est pour eux une règle!

Les deux coopérateurs s'approprient ici sans vergogne le cas du somnambule Hinder, guéri ou du moins amélioré en 1875 par Donato, qui conclut en ces termes:

Les magnétisations peuvent donc être utilement employées pour guérir ou *tout au moins* pour diriger le cours de cette terrible et si dangereuse affection qu'on appelle le somnambulisme spontané.... Depuis 1876, j'ai perdu Hinder de vue, mais j'ai appris que ses accès étaient devenus très rares et avaient beaucoup diminué d'intensité. Toujours est-il que cette expérience et bien d'autres m'ont donné, *pour minimum de certitude;* qu'il est toujours possible de *diriger* les accès, *d'en empêcher la manifestation inopportune en les provoquant à un moment choisi*, et d'écarter ainsi le danger permanent qui, comme une épée de Damoclès sans cesse suspendue au dessus de sa tête, menace la vie du somnambule"[77].

---

[77] Le 28 août 1878, Donato faisait publier par l'*Evènement*, le *Voltaire*, le *Siècle* et l'*Estafette*, la lettre suivante:

Monsieur, votre honorable journal a maintes fois relaté les accidents terribles dont les somnambules sont souvent victimes. Tout récemment encore, etc. J'affirme, j'ai prouvé et je suis prêt à prouver encore qu'on peut soustraire le malade au danger permanent qui le menace, en provoquant à volonté des crises de somnambulisme artificiel par les pratiques du magnétisme animal. Et pour qu'il ne puisse y avoir aucun doute ni sur ma certitude de l'efficacité du traitement que je préconise, ni sur les sentiments désintéressés qui sollicitent mon intervention, je propose que, s'il se trouve un contradicteur parmi les médecins, nous déposions, lui et moi, chacun une somme égale et suffisamment forte, avec cette condition expresse que si je ne guéris point le premier malade qui se présentera, mon versement sera acquis aux pauvres, et si je le guéris, au contraire, les pauvres bénéficieront de la mise de mon adversaire. Et ainsi de suite pour tous les malades qui se présenteront, et que je m'engage à

Maintenant quand on compare le langage de Donato avec celui de ses deux rivaux, qui le pillent, je le demande en toute confiance au lecteur, de quel côté est le charlatanisme?

Quand j'aurai rappelé que, p. 176, nous voyons M. Strohl, qui n'est pas médecin, "calmer parfois instantanément les migraines, les névralgies les plus violentes, les rages de dents, tranquilliser la chorée, suspendre *souvent pendant plusieurs mois* les accès hystériques et épileptiques, et améliorer par l'hypnotisme les insomnies" et même, p. 183, obtenir une amélioration sensible dans un cas *invétéré* de *tabes dorsalis*, il y aura plus que jamais lieu de se demander comment cet homme, à qui le magnétisme fut révélé par Donato en novembre 1880, qui l'a suivi partout jusque fin décembre, a pu en 1881, tout en parcourant la Suisse avec M. Ladame, accumuler une telle masse d'observations et formuler des conclusions dont quelques-unes ne pourraient s'établir que par des expériences poursuivies pendant des mois et des années entières.

Il est clair, et pas un lecteur ne repoussera ma conclusion, que M. Ladame, aidé de M.Strohl, a démarqué à son profit toutes les expériences de Donato, et que jamais jugement ne fut plus justifié que celui que je portais sur lui en 1888: *M. Ladame doit tout ce qu'il sait à Donato, et il n'a pas craint de mordre le sein qui l'a nourri.*

---

soigner toujours gratuitement, trop heureux de pouvoir être utile à mon prochain.

Personne ne donna suite à cette proposition. Je soupçonne quelque peu M. Ladame, l'érudit, d'avoir connu cette lettre.

CONCLUSION.

J'ai mis en parallèle Donato, le persécuté, et M. Ladame, l'un de ses plus acharnés persécuteurs; celui-là, prodiguant à tout venant les fruits de ses innombrables expériences; vivant des spectacles qu'il donne à la foule, mais tenant aussi à convaincre les hommes de science de la réalité des effets hypnotiques, et dans ce but, n'épargnant ni ses démarches ni ses peines; ne cherchant pas à rendre compte de ces effets par la physiologie, mais, ce qui est encore aujourd'hui la meilleure explication, les expliquant par la manière même de les produire —l'autre, n'ayant encore rien mis au jour, mais avide de bruit et de renommée; dérobant à Donato, par le canal d'un affidé, sa science pratique et la débitant comme sienne sur les mêmes théâtres, après l'avoir déguisée sous un masque scientifique en appelant névrose hypnotique ce que Donato appelait bonnement magnétisme; s'armant de son diplôme pour dénoncer comme nuisibles des pratiques dont lui-même et son copain, qui n'a pas de diplôme, ne craignent pas d'user à l'égard d'autrui; et ne se faisant aucun scrupule, lui docteur en médecine, de couper l'herbe sous le pied à celui qu'il qualifie de magnétiseur ne tréteaux, mais qu'il traite en concurrent.

On s'étonnera peut-être, qu'après avoir joué ce rôle, il ose encore, huit ans après, dans un congrès international, présenter Donato sous les traits suivants: "l'homme prôné par la réclame, qui a l'habitude de se faire annoncer plus bruyamment que modestement comme professeur incomparable, de proclamer pompeusement *urbi et orbi*, sa science, son pouvoir surnaturel[78] et ses

---

[78] "Jamais je n'ai cru posséder un *don surnaturel*, mais seulement un *don naturel*, qui me suffit amplement." Note de Donato à un article élogieux de *l'Echo de Varsovie*, du 28 juin 1880.

121

talents merveilleux; qui va de ville en ville, mettant tout le monde en émoi sur son passage, frappant d'étonnement les foules superstitieuses qui lui attribuent le don de faire des miracles, et jetant partout avec arrogance et dédain un audacieux défi à la science et aux savants". Ces traits, le premier aussi bien que le dernier, s'ajustent plus exactement à la personne de M. Ladame qu'à celle de Donato.

Et maintenant le vieux lutteur est fatigué. Cette longue campagne, il l'a menée dès le début ne revendiquant aucune gloire, ne défendant aucun gagne-pain. L'amour seul de la vérité historique et de la vérité scientifique a guidé sa plume; et il n'a eu qu'un but, défendre la liberté.

Il espère que le lecteur verra dans le procès Ladame-Donato; dont il lui a mis les pièces sous les yeux; un procès plus général; le seul réel, celui de la science libre et progressive contre la science patentée et conservatrice; celui de la médecine qui se croit faite pour les malades et de la médecine qui estime que les malades sont faits pour elle.

Post-Scriptum — La livraison de février de la Revue de l'hypnotisme vient de paraître. Elle est curieuse à plus d'un titre.

Ainsi elle contient, p. 252, une rectification du Dr Forel de Zurich à propos des paroles qu'on lui fait prononcer au banquet de Villejuif. Je félicite M. Forel d'avoir obtenu cette rectification. Ma réclamation envoyée il y a quatre mois, n'a pas reçu le même accueil (v. p. 27, note).

Elle contient encore (p. 230) cet aveu que les idées de M. Liégeois sur la possibilité des *suggestions criminelles* "n'ont pas jusqu'ici donné lieu à une discussion approfondie". (Relire mon chapitre p. 30 et suiv. et particulièrement la note p. 33.)

Citons aussi une lettre dirigée contre M. Guermonprez, "l'onctueux" (voir notes p. 32 et 54) qui, après avoir, au Congrès de l'hypnotisme, cassé l'encensoir sur le nez de MM. Charcot, Pierre Janet et Pitres, déclare maintenant l'hypnotisme "immoral et diabolique".

Mais ce qui surtout est intéressant, c'est de voir l'interdiction des séances d'hypnotisme revenir de la première page à la dernière, à propos de tout –de lions de ménagerie, de Gabrielle Bompart, d'un vol de montre.

Devançant de deux ans la Revue, j'ai protesté l'un des premiers en Belgique (*Journal de Liège* du 12 décembre 1887 et récemment encore le 15 janvier 1890) contre ce spectacle stupide et *immoral* de l'introduction de personnes hypnotisées ou faisant semblant de l'être, dans des cages d'animaux féroces. Je réponds bien qu'à Liège, où l'on accueille les magnétiseurs, pareille exhibition serait interdite sans faute. Elle n'a de commun avec l'hypnotisme que le nom. On pourrait tout aussi bien jeter devant la gueule d'un lion –et le spectacle serait tout à fait le même— un gâteux, un cul-de-jatte, un enfant à la mamelle.

L'espèce de "toast au *petit* lion" que je fis à la page 254 n'a donc que le mérite d'être "humouristique".

Tout aussi éloignée de la question est l'affaire de Gabrielle Bompart, où l'hypnotisme n'a joué, et n'avait besoin de jouer aucun rôle. Autant que l'on peu juger de pareils cas à distance, Gabrielle est ce qu'on peut appeler une "bonne bête", qui fait et dit tout ce qu'on lui commande ou lui suggère, et qui, avec la même inconscience et la même insouciance, coud Gouffe dans un sac, dort auprès du cadavre, et traverse l'Atlantique pour livrer sa tête à la justice. J'ai exposé cette manière de voir dans le *Journal de Liège* du 28 janvier et du 4 février et j'ai été heureux de me rencontrer dans mes appréciations avec M. Bernheim, qui m'a même écrit pour approuver mes idées (voir même journal du 1er février).

Enfin, sous le titre retentissant de "*méfaits des magnétiseurs*", on cite d'après un certain M. Tooth, le fait de cet hypnotisé à qui, dans une séance publique à Londres; on suggère de voler une montre; et qui, éprouvant de la résistance de la part de celui qu'il voulait dépouiller, lui porte un coup et tombe en crise, "M. Tooth protestait *avec raison* contre *l'immoralité* d'un tel spectacle", ajoute la Revue.

Quels gros mots pour une mince aventure, des plus intéressantes aux yeux des gens réfléchis, des plus instructives et, partant, des plus morales. M. le directeur de la Revue oublie-t-il donc qu'à Villejuif, lors du Congrès, devant plus de cent personnes, M. Liégeois a fait prendre à une hypnotisée un porte-monnaie dans la poche d'un visiteur? Ce qui est immoral à Londres devant mille personnes, serait-il moral à Paris devant cent? Notez que cette expérience –qui ne prouvait rien à Villejuif— a eu ce mérite, à Londres, de montrer qu'un voleur par suggestion est capable de se conduire de la manière la plus idiote –et c'est ce que j'ai depuis longtemps dit: un *somnambule*, en supposant qu'on puisse en faire un instrument de crime, serait bien maladroit et bien incommode.

A cette occasion, M. le Directeur met en garde ses lecteurs contre "une prétendue Société scientifique créée à Londres pour l'étude de l'hypnotisme. Il a écrit à ses correspondants les plus autorisés de l'Angleterre, et il a appris *avec surprise* qu'elle était créée sous l'inspiration de plusieurs magnétiseurs forains, en particulier de M. Milo de Meyer".

Il n'est jamais trop tard de faire acte de sagesse. C'est en septembre que le programme de cette Société fut lancé et il était signé: MILO DE MEYER. Comme il contenait un mot équivoque sur les représentations publiques d'hypnotisme, la Revue, dès octobre, s'empressa de souhaiter avec éclat la bienvenue au nouvel organe, défenseur des vrais principes, par l'articulet suivant: "Nous apprenons avec plaisir la création à Londres, d'une société composée de *praticiens éminents* des Universités, dont le but est de vulgariser l'enseignement de l'hypnotisme et de faire voter par le Parlement une loi interdisant les séances publiques de magnétisme et d'hypnotisme." J'avertis *immédiatement* M. Bérillon qu'il s'était laisser prendre et que ce M. Milo de Meyer était un décalque de Donato. Peut-être, certains "savants français" qui, sur les recommandations de la Revue, auront accepté avec empressement et reconnaissance le titre de membre honoraire, apprendront-ils "avec surprise" que les renseignements sont arrivés bien tard, lorsqu'ils pouvaient arriver si tôt.

Un dernier mot. Je m'étonne de ne pas trouver dans la Revue mention d'une autre interdiction de l'hypnotisme, que j'ai lue dans les journaux; tout particulièrement, dans l'*Indépendance belge* du 12 février. C'est celle qui aurait été faite aux médecins militaires par le Ministre de la guerre en France, de se servir de l'hypnotisme envers les soldats. Eh bien! sur cette interdiction, que je serais porté à approuver –d'abord parce qu'il s'agit d'une institution, l'armée, ensuite parce qu'elle est conforme à ma formule: l'hypnotisme aux hypnotiseurs – je serais désireux de connaître l'avis de la Revue.

Liège, le 15 février 1890.

———————

TABLE DES MATIÈRES.

AUTRE TITRE DE JOSEPH DELBOEUF PUBLIÉ PAR
LES EDITIONS BUENOS BOOKS INTERNATIONAL,
PARIS

LA MATIÈRE BRUTE
ET LA
MATIÈRE VIVANTE
ÉTUDE SUR
L'ORIGINE DE LA VIE ET DE LA MORT

Joseph Delboeuf
Professeur à l'Université de Liège
(1887)

1ère édition : 1887
Ancienne librairie Baillière et Cie
FÉLIX ALCAN, EDITEUR

Nouvelles édition :
Buenos Books International, Paris
www.buenosbooks.fr
buenosbooks@free.fr

ISBN : 978-2-915495-54-6

Aussi publiés par Buenos Books International

9782915495423, L'Oracle, Pièce de Théâtre, Drame Symbolique Inspire de La Tragédie Grecque, S. Tzitzis

9782915495430, Les Embruns de Kos, (Poésie), S. Tzitzis

9782915495232, Poésie de La Vie, Eva Lavie

9782915495249, La Solution Anti-Stress: Etre Soi Dans L'Instant Présent, Céleste Onorati

978291549519, Le Long Voyage de L'Amour, Un Roman Sur La Transmutation de L'Eros, Lydia Bisanti

9782915495386, Les Grandes Questions de La Philosophie Pénale, S. Tzitzis

9782915495102, Justice Et Internet, Une Philosophie Du Droit Pour Le Monde Virtuel, A. Mancini

9782915495171, L'obsolescence Du Droit D'auteur et de Sa Philosophie, A. Mancini

9782915495058, Les Solutions de L'Ancien Droit Romain Aux problèmes Juridiques Modernes, l'exemple du droit des brevets d'invention, A. Mancini

9782915495287, Maat, La Philosophie de La Justice de L'Ancienne Egypte (2de édition de Le mystère de Maat), A. Mancini

978-2915495317, Comment Mieux Comprendre Les Anciennes Civilisations, A. Mancini

9782915495218, Comment naissent les inventions? Une méthode efficace pour obtenir des idées nouvelles, A . Mancini

9782915495164, L'obsolescence Du Droit Mondial Des Inventions, A. Mancini

9782915495270, Saintes Pilules, Petites Histoires Satiriques Et Humoristiques a Propos de Nos Croyances Scientifiques Et Médicales, E. Lavie

978-2915495515, Les rêves et les moyens de les diriger (ouvrage sur le rêve lucide, réédition), Hervey de Saint Denys

9782915495492, La Signification Des Rêves (nouvelle édition de l'intelligence des rêves), A. Mancini

Publié aussi par les éditions Buenos Books International, Paris

WWW.BUENOSBOOKS.FR

CREATIVITE SCIENTIFIQUE, INFORMATIONS UTILES POUR LES ETUDIANTS, LES CHERCHEURS ET LES LABORATOIRES DE RECHERCHE
Auteur : Anna Mancini, 2nde édition 2007 :
brochée ISBN : 9782915495362
reliée ISBN : 9782915495379

Les plus grands savants contemporains pensent à l'unanimité que loin de répondre à une froide logique, les découvertes scientifiques impliquent l'être humain dans son intégralité sensible et rationnelle. L'histoire des sciences fait nettement apparaître que l'intuition et les rêves montrent le chemin de la découverte, tandis que la logique et l'expérimentation en permettent la manifestation. Elle montre aussi que chaque fois qu'un chercheur a involontairement réussi à obtenir un rêve inventif ou une intuition, il a laissé loin derrière lui tous les autres chercheurs du domaine. Pourtant, personne n'a encore systématiquement exploré les conditions qui provoquent ces "effets spéciaux" qui soudain surgissent dans le cerveau d'un chercheur, le distinguent parmi tant de milliers d'autres et en font l'un des trop rares novateurs, dont la renommée s'étendra à travers les siècles. Ce livre, basé sur de nombreuses années d'exploration des connexions entre le rêve et la réalité, lève le voile sur les conditions favorables et les conditions défavorables à la survenance d'idées nouvelles. Il livre aussi une méthode efficace pour augmenter la fréquence des rêves inventifs dans les laboratoires de recherche et partout ailleurs.